Schroedel
westermann

Elemente der Mathematik
EdM

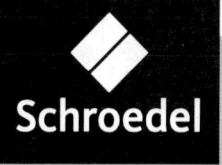

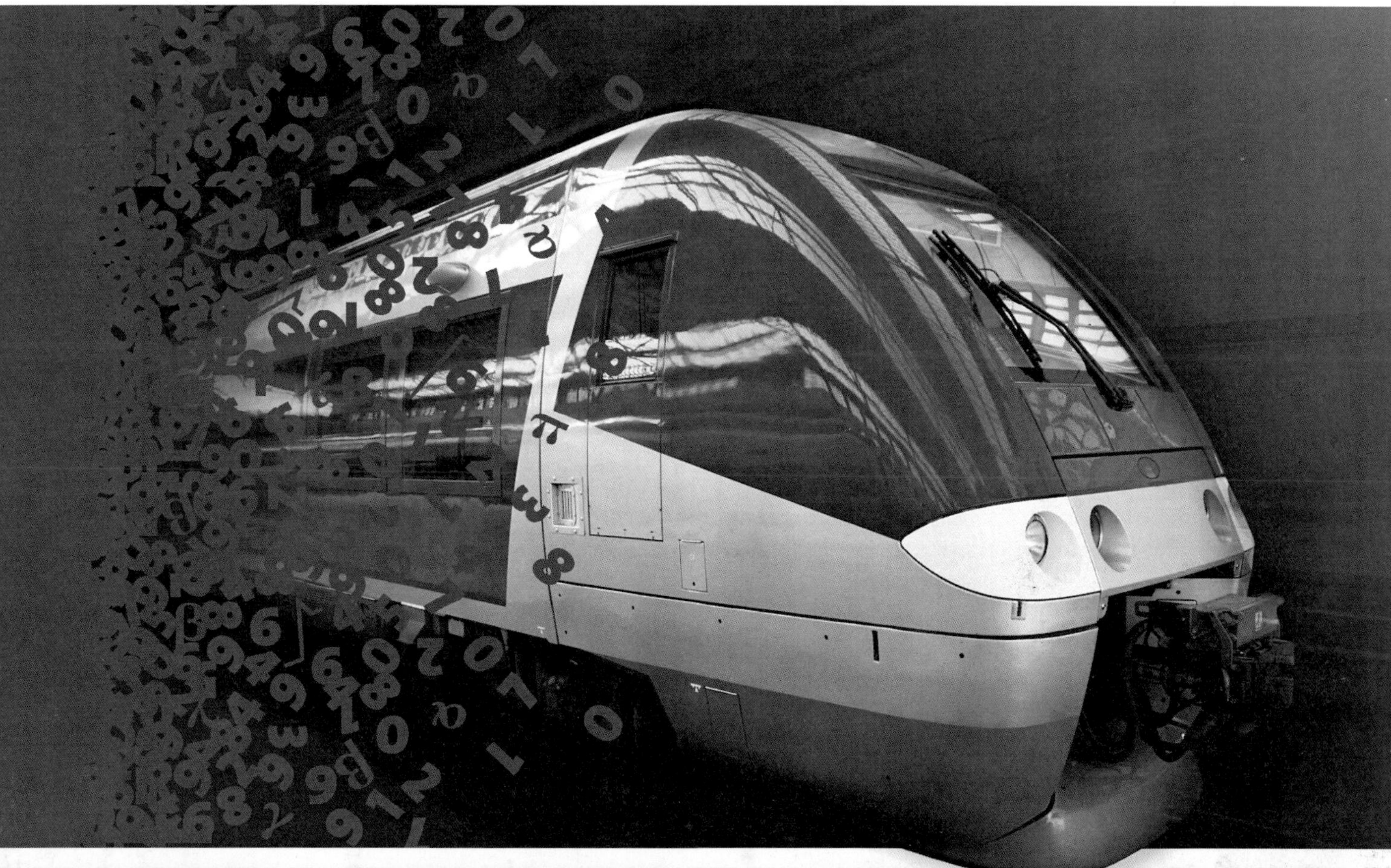

Lösungen

Nordrhein-Westfalen

9

Elemente der Mathematik

Lösungen
Arbeitsheft 9 – Nordrhein-Westfalen

Herausgegeben von
Prof. Dr. Heinz Griesel
Prof. Helmut Postel
Friedrich Suhr
Werner Ladenthin
Matthias Lösche

Bearbeitet von
Julia Berlin-Bonn, Dr. Beate Goetz, Bodo Paul Hoffmann, Daniel Kiok, Jens Köcher, Werner Ladenthin,
Matthias Lösche, Ines Petzschler, Friedrich Suhr, Klaas Wiggers

Lösungen zu Arbeitsheft 9 Nordrhein-Westfalen, Bestellnummer 87459

westermann GRUPPE

© 2018 Bildungshaus Schulbuchverlage
Westermann Schroedel Diesterweg Schöningh Winklers GmbH, Braunschweig
www.schroedel.de

Druck A^4 / Jahr 2019
Alle Drucke der Serie A sind im Unterricht parallel verwendbar.

Redaktion: Lena Schenk, Claus Peter Witt
Umschlagentwurf: LIO Design GmbH, Braunschweig
Umschlagsfoto: Thinkstock, Sandyford/Dublin: Evgeny Prokofyev Titel (Zug)
Innenlayout: JANSSEN KAHLERT Design & Kommunikation GmbH, Hannover
Illustrationen: Dietmar Griese, Laatzen
Zeichnungen: Langner & Partner, Hemmingen; Schlierf Type & Design, Lachendorf
Druck und Bindung: Westermann Druck GmbH, Braunschweig

ISBN 978-3-507-87508-1

1.1 Ähnliche Vielecke

3   **1.**

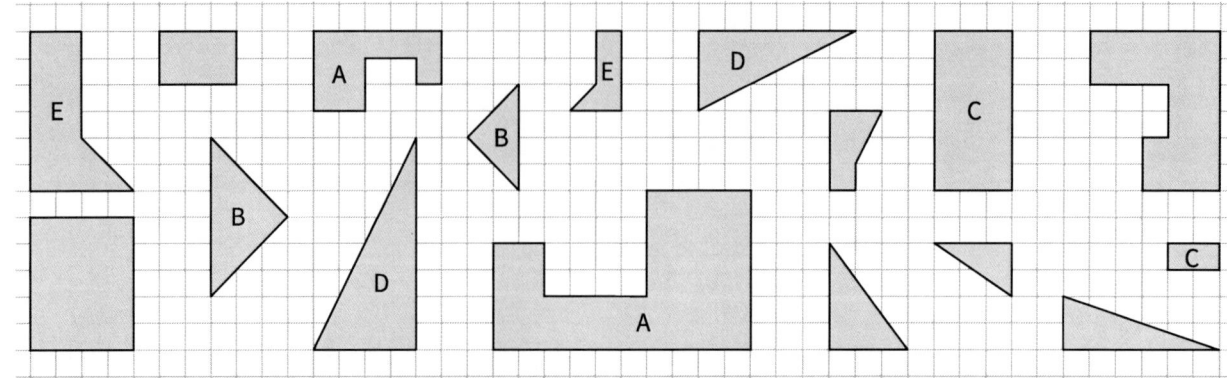

2. a)

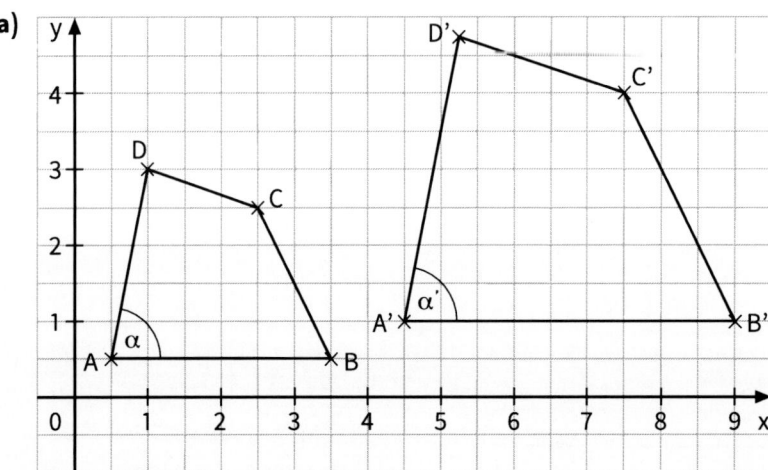

b) $|AB| = 7{,}1$ cm $|NK| = 1{,}5$ cm

$|BC| = 5$ cm $|KL| = 2{,}7$ cm

$|CD| = 5{,}4$ cm $|LM| = 2{,}5$ cm

$|DA| = 3{,}2$ cm $|MN| = 3{,}55$ cm

$\alpha = 63{,}5°$ $\kappa = 139{,}5°$

$\beta = 82°$ $\lambda = 75°$

$\gamma = 75°$ $\mu = 82°$

$\delta = 139{,}5°$ $\nu = 63{,}5°$

Ähnlichkeitsfaktor $k = 2$

$|AB| \triangleq |MN|$ $\alpha \triangleq \vartheta$
$|BC| \triangleq |LM|$ $\beta \triangleq \mu$
$|CD| \triangleq |KL|$ $\gamma \triangleq \lambda$
$|DA| \triangleq |NK|$ $\delta \triangleq \kappa$

Die Vierecke sind zueinander ähnlich.

4   **3. a)** $\dfrac{|AB|}{|UV|} = \dfrac{3}{4}$ **b)** $\dfrac{|PQ|}{|GH|} = \dfrac{3}{2}$ **c)** $\dfrac{|CD|}{|XY|} = \dfrac{5}{7}$ **d)** $\dfrac{|EF|}{|LM|} = \dfrac{3}{2}$

4

4.

	1 cm entspricht 250 m	1 cm entspricht 750 m	1 m entspricht 5 mm	2 m entspricht 1 m	1 cm entspricht 20 km	1 cm entspricht 87 cm²
Maßstab	1 : 25 000	1 : 75 000	200 : 1	2 : 1	1 : 2 Mio	1 : 87
Original	1,2 km	13,5 km	0,2 mm	5,50 m	80 km	35 m
Bild	4,8 cm	18 cm	4 cm	11 cm	4 cm	40,2 cm
Anwendungs-beispiel	Landkarte	Landkarte	Feinmechanik Bauplan	Modellbau	Weltkarte	Modellbahn H0

1.2 Ähnlichkeitssatz für Dreiecke

5.

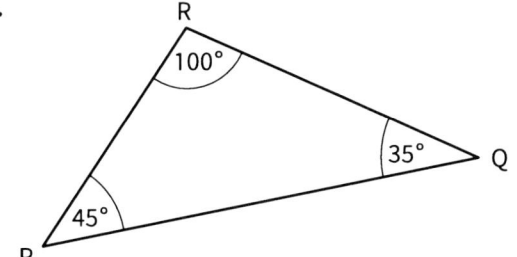 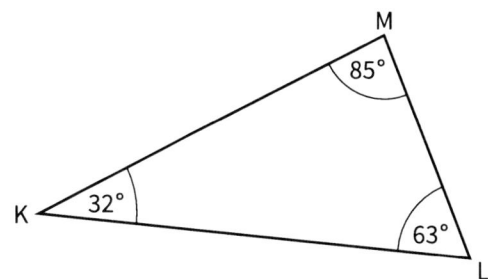

Die Dreiecke sind nicht ähnlich zum Dreieck ABC, da die entsprechenden Winkel nicht übereinstimmen.

6. Es ist:

$\alpha + \beta + \gamma = 180°$ $\qquad | \gamma = 90°$

$\alpha + \beta + 90° = 180°$

$\alpha + \beta = 90°$

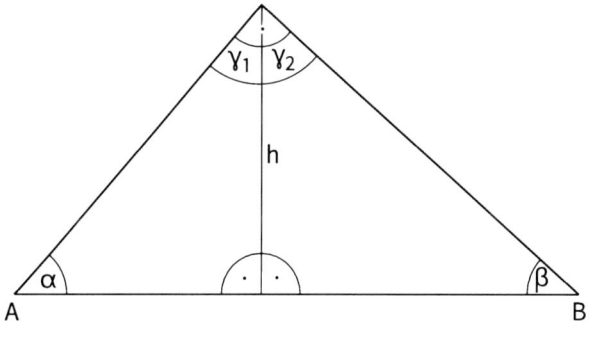

Dann ist

AHC:

$\alpha + 90° + \gamma_2 = 180°$

$\alpha + \gamma_2 = 90°$

$\alpha + \gamma_2 = \alpha + \beta$

$\gamma_2 = \beta$

HBC:

$90° + \beta + \gamma_1 = 180°$

$\beta + \gamma_1 = 90°$

$\beta + \gamma_1 = \alpha + \beta$

$\gamma_1 = \alpha$

Somit sind die Winkel im Dreieck AHC α, β, 90° und die Winkel im Dreieck HBC α, β, 90°

Die Dreiecke haben die gleichen Innenwinkel und sind somit ähnlich.

1.3 Strategien zum Berechnen von Streckenlängen

5

7. a) Beide Antworten sind falsch. Richtig ist a : (a + b) = x : y und y : (c + d) = x : c

b)

a	b	c	d	x	y	$\frac{x}{y}$	$\frac{a}{b}$	$\frac{a+b}{a}$
2 cm	1 cm	2 cm	1 cm	1 cm	1,5 cm	$\frac{2}{3}$	2	1,5
3 m	1 m	4 m	$\frac{4}{3}$ m	0,5 cm	$\frac{2}{3}$ cm	0,75	3	$\frac{4}{3}$
3 dm	6 dm	7 dm	14 dm	7 dm	21 dm	1 : 3	0,5	3

8. $\frac{45 + x}{55} = \frac{5}{45}$, also ist x = 202,5. Die Entfernung beträgt also etwa 200 m.

$\frac{1}{30} \cdot (0,6\,m + x) = 350\,m$, es ist dann $0,02\,m + \frac{x}{30} = 350\,m$

Auflösen nach x ergibt dann x = 30 · (350 m – 0,02 m) = 10 499,4 m

Entfernung des Schiffs = 60 cm + x = 10 500 m

5   **9.** $\frac{1,75}{1,4} = \frac{x}{4,5}$, also ist $x = 4,5 \cdot \frac{1,75}{1,4} = 5,625$.

Die Straßenlaterne ist also etwa 5,6 m hoch.

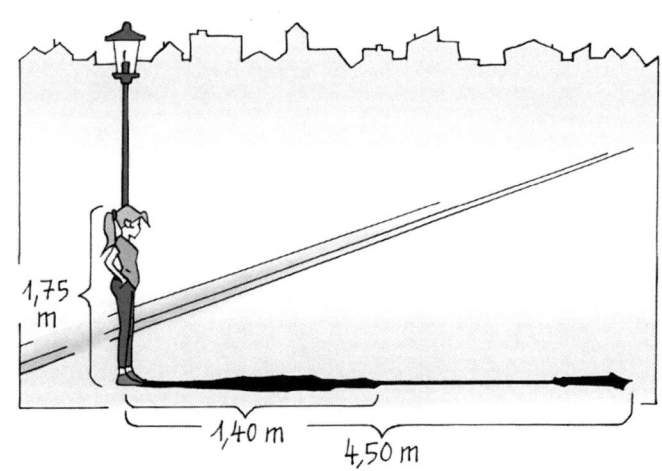

6   **10.a)** Beide Antworten sind falsch. Richtig ist $\frac{|AS|}{|DS|} = \frac{|SB|}{|SC|}$ und $\frac{|SA|}{|AB|} = \frac{|SD|}{|CD|}$

  b)

|AS|	|BS|	|CS|	|DS|	|AB|	|CD|	|AB| : |CD|
6 cm	12 cm	4 cm	2 cm	9 cm	3 cm	3 : 1
6 m	$\frac{8}{3}$ m	8 m	18 m	4 m	12 m	$\frac{1}{3}$

11. $\frac{18}{30} = \frac{x}{15}$, also $x = 9$. Der Kanal ist 9 m breit.

1.4 Beweisen mithilfe der Ähnlichkeit

12. $|DF| = 4$ cm $= 2 \cdot |FG|$
$|EF| = 2$ cm $= 2 \cdot |FH|$
$\alpha = \beta = 90°$
Die Dreiecke sind ähnlich zueinander, da ein Winkel und das Verhältnis der angegebenen Seiten gleich lang sind.

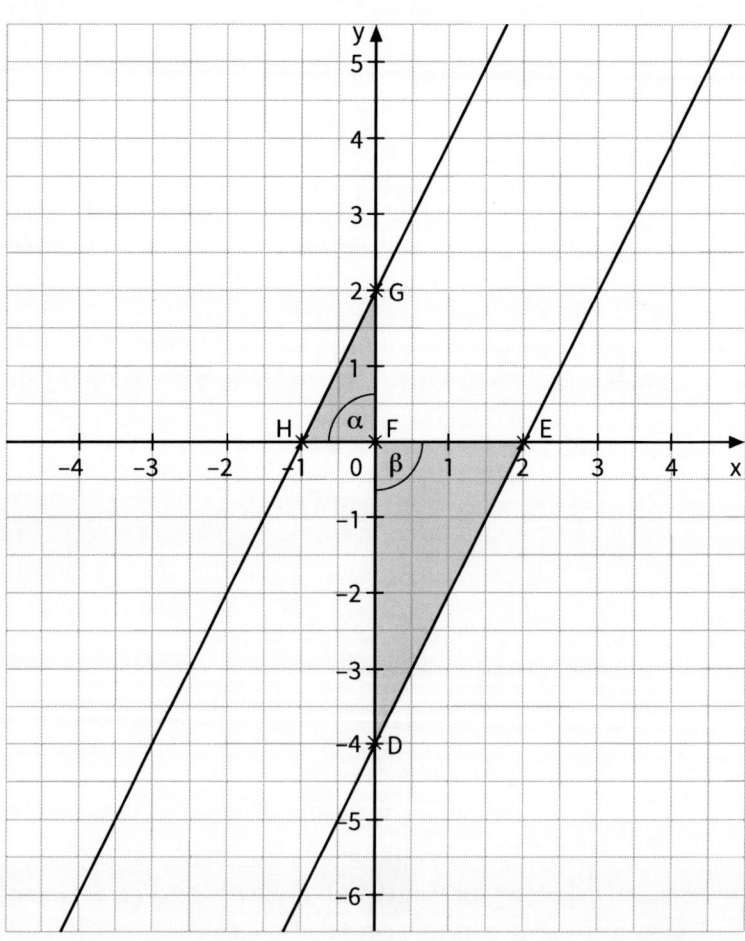

7   **13.–**

Bist du kompetent im Problemlösen im Berechnen zueinander ähnlicher Körper?

8

14.a)

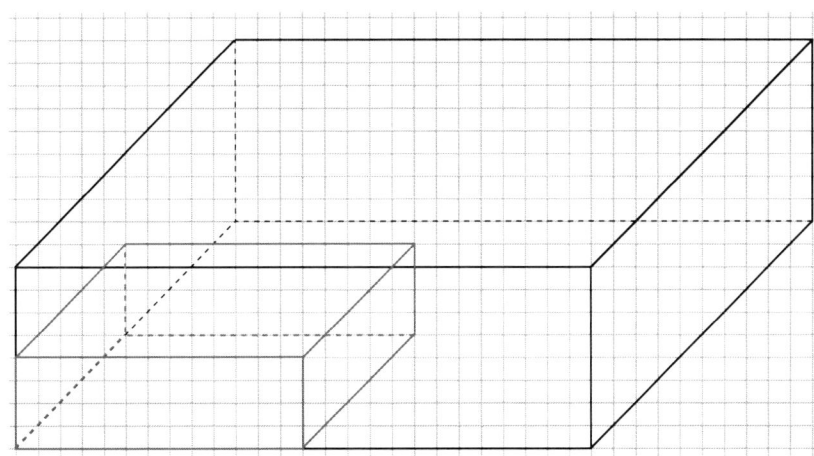

Maße: 12,5 cm x 10 cm x 4 cm

b) (1) $\frac{25\,cm}{12,5\,cm} = 2$; $\frac{20\,cm}{10\,cm} = 2$; $\frac{8\,cm}{4\,cm} = 2$ **(2)** $\frac{400\,ml}{500\,ml} = 8$

     Längenverhältnis der Kanten: 1 : 2   Verhältnis der Volumina 1 : 8

c)

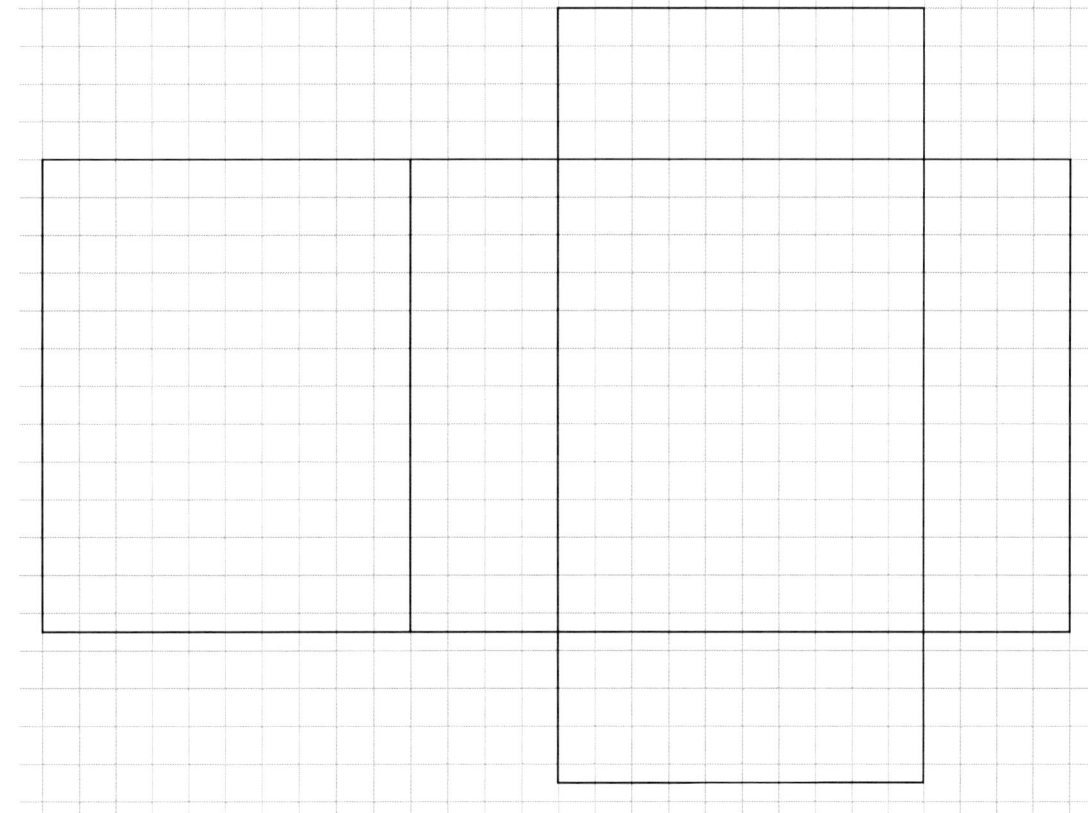

$O_{500\,ml} = 2 \cdot 12,5\,cm \cdot 10\,cm + 2 \cdot 10\,cm \cdot 4\,cm + 2 \cdot 12,5\,cm \cdot 4\,cm = 430\,m^2$

$O_{400\,ml} = 2 \cdot 25\,cm \cdot 20\,cm + 2 \cdot 20\,cm \cdot 8\,cm + 2 \cdot 25\,cm \cdot 8\,cm = 1720\,cm^2$

Verhältnis: $\frac{O_{400\,ml}}{O_{500\,ml}} = \frac{1720\,cm2}{430\,cm2} = 4$

d) (1) $\frac{4000\,ml}{400\,ml} = 10$ Verhältnis: 1 : 10   **(2)** $\sqrt[3]{10} \approx 2,154$ **(3)** $\sqrt{10} \approx 3,162$

2.1 Quadratische Funktionen – Definition

9   **1. a)**

Erste Seiten-länge x (in cm)	Zweite Seiten-länge z (in cm)	Flächeninhalt A (in cm²)
2	16	32
3	⁻15	45
4	14	56
5	13	65
6	12	72
7	11	77
8	10	80
9	9	81
10	8	80
11	7	77
12	6	72
13	5	65
14	4	56
15	3	45
16	2	32

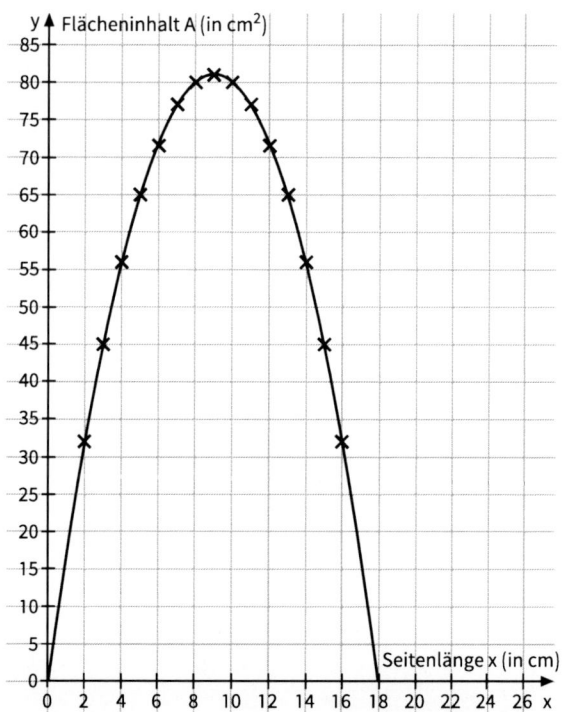

b) Der Graph verläuft parabelförmig. Er hat einen Hochpunkt an Stelle $x = 9$ cm. Der zugehörige Funktionswert ist $A = 81$ cm². Die Parabel ist nach unten geöffnet und achsensymmetrisch zur Achse $x = 9$.

c) $2x + 2z = 36$ Dies ist die Formel für den Umfang von 36 cm des Rechtecks.

     $x + z = 18$ Hier wurde auf beiden Seiten durch 2 geteilt.

         $z = 18 - x$ Dann wurde auf beiden Seiten der Gleichung minus x gerechnet.

Die Formel des Flächeninhalts des Rechtecks mit den Seiten x und z ist:

$A = x \cdot z$

    $= x(18 - x)$ Für z wurde der oben hergeleitete Term $z = 18 - x$ eingesetzt.

    $= 18x - x^2$ Hier wurde gemäß des Distributivgesetzes ausmultipliziert.

2.2 Quadratfunktion – Normalparabel – Gleichungen der Form $x^2 = r$

10   **2. a)**

x	−3	−2,5	−2	−1,5	−1	−0,5	0
x²	9	6,25	4	2,25	1	0,25	0
x	0,5	1	1,5	2	2,5	3	
x²	0,25	1	2,25	4	6,25	9	

b) Es ist der rechts abgebildete Graph.

c) Der tiefste Punkt der Normalparabel liegt im **Ursprung** des Koordinatensystems. Er hat die Koordinaten **(0|0)** und heißt **Scheitelpunkt / Tiefpunkt** der Parabel. Die Symmetrieachse der Normalparabel ist die **y-Achse**. Verlauf der Normalparabel: Die Parabel **fällt** im 2. Quadranten und **steigt** im 1. Quadranten.

3. • … jede reelle Zahl mit sich selbst multipliziert eine nichtnegative Zahl ergibt."

     • … verlaufen unterschiedlich und schneiden sich nicht. Die Gleichung hätte nur dann eine Lösung, wenn es mindestens einen Schnittpunkt gäbe."

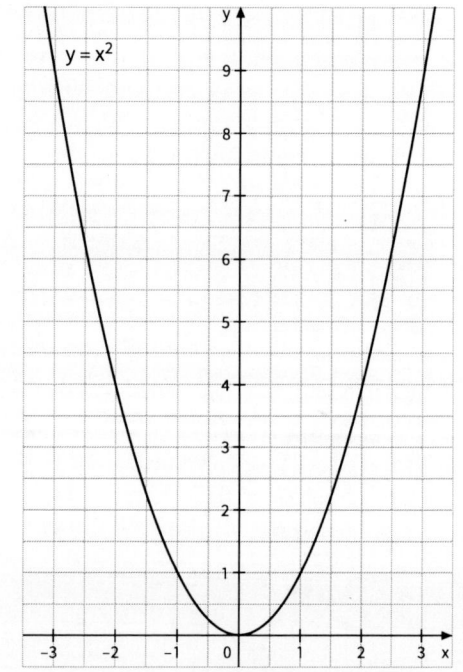

2.3 Verschieben der Normalparabel

2.3.1 Verschieben der Normalparabel parallel zur y-Achse

11

4. a) Schnittpunkt: $S(0|3)$
Funktionsgleichung: $y = x^2 + 3$
b) Schnittpunkt: $S(0|-4)$
Funktionsgleichung: $y = x^2 - 4$

5. a) $y = x^2 - 15$ **b)** $y = x^2 + 11,8$

6. a) Die Normalparabel wurde um 7,5 Einheiten nach oben verschoben. Der Graph zu $y = x^2 + 7,5$ schneidet die x-Achse nicht.
b) Die Normalparabel wurde um 25 Einheiten nach unten verschoben. Der Graph zu $y = x^2 - 25$ schneidet die x-Achse in zwei Punkten: $S_1(-5|0)$ und $S_2(5|0)$.

7. a) $y = x^2 - 2,25$ (eine um 2,25 Einheiten nach unten verschobene Normalparabel)
b) $y = x^2 - 100$ (eine um 100 Einheiten nach unten verschobene Normalparabel)

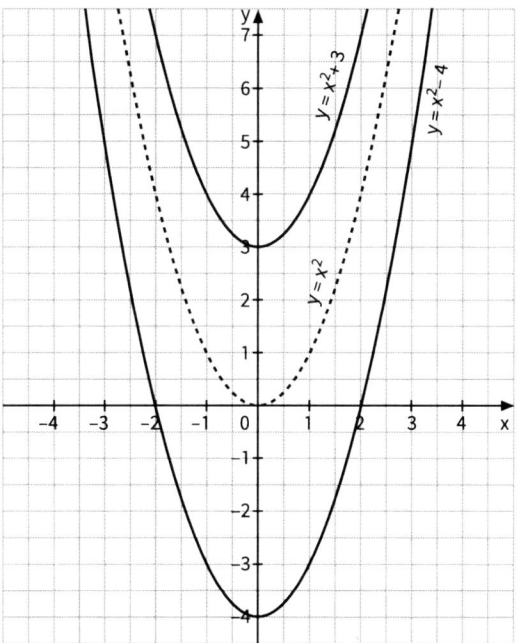

2.3.2 Verschieben der Normalparabel parallel zur x-Achse – Gleichungen der Form $(x + d)^2 = r$

12

8. a) Scheitelpunkt: $S(2,5|0)$
Funktionsgleichung: $y = (x - 2,5)^2$
b) Scheitelpunkt: $S(-2|0)$
Funktionsgleichung: $y = (x + 2)^2$

9. a) $y = (x + 15)^2 = x^2 + 30x + 225$
b) $y = (x - 11,8)^2 = x^2 - 23,6x + 139,24$

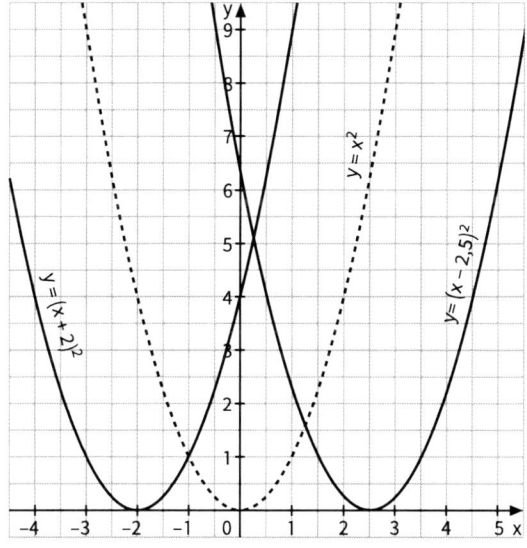

10. $y = (x + 1)^2$; Scheitelpunkt: $S(-1|0)$
$y = (x - 5)^2$; Scheitelpunkt: $S(5|0)$

13   **11.a)** • $f(x) = (x-3)^2$
Scheitelpunkt: $S(3|0)$,
Nullstelle: $x = 3$
• $g(x) = (x+1)^2$
Scheitelpunkt: $S(-1|0)$,
Nullstelle: $x = 1$
• $h(x) = x^2 + 1$
Scheitelpunkt: $S(0|1)$,
Nullstelle: keine

b) $4 = (x-3)^2 \qquad |\sqrt{}$
$2 = |x-3|$
$x_1 = -1$ und $x_2 = 5$
$f(5) = 4$: An der Stelle $x = 5$
hat f den Funktionswert 5.

$4 = (x+1)^2 \qquad |\sqrt{}$
$2 = |x+1|$
$x_1 = -3$ und $x_2 = 1$
$g(1) = 4$: An der Stelle $x = 1$
hat g den Funktionswert 4.

$4 = x^2 + 1 \qquad |-1$
$3 = x^2 \qquad |\sqrt{}$
$x_1 = -\sqrt{3}$ und $x_2 = \sqrt{3}$
$h(\sqrt{3}) = 4$: An der Stelle $x = \sqrt{3}$
hat h den Funktionswert 4.

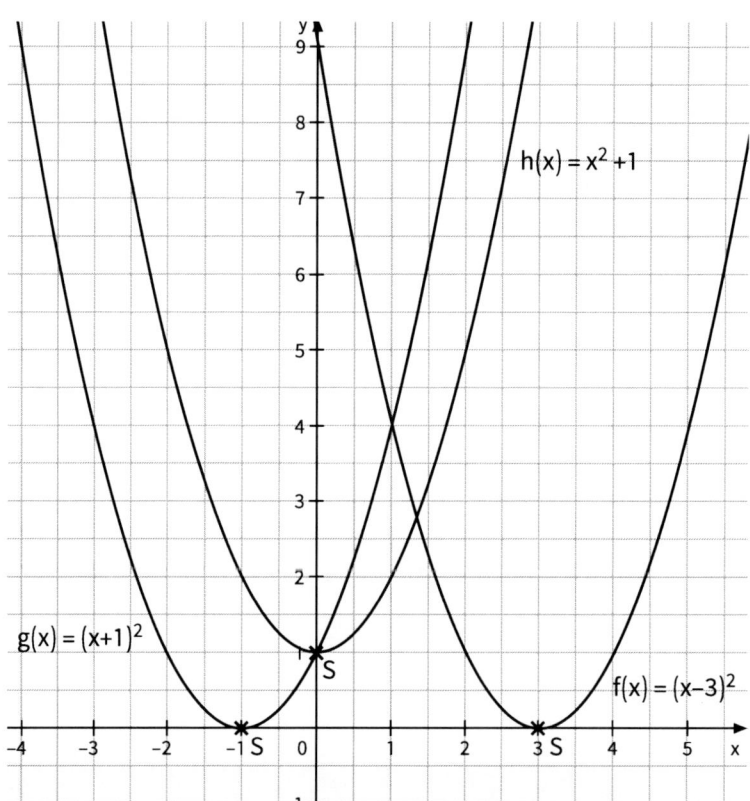

2.3.3 Verschieben der Normalparabel in beliebiger Richtung – Scheitelpunktform – Quadratische Gleichungen der Form $x^2 + px + q = 0$

12.a) Scheitelpunkt: $S(3|2)$
Funktionsgleichung: $y = (x-3)^2 + 2$
b) Scheitelpunkt: $S(-2,5|-1)$
Funktionsgleichung: $y = (x+2,5)^2 - 1$

14   **13.a)** $y = (x+5)^2 + 2 = x^2 + 10x + 27$
b) $y = (x-7)^2 - 3 = x^2 - 14x + 46$

14. $y = (x-3)^2 - 1$

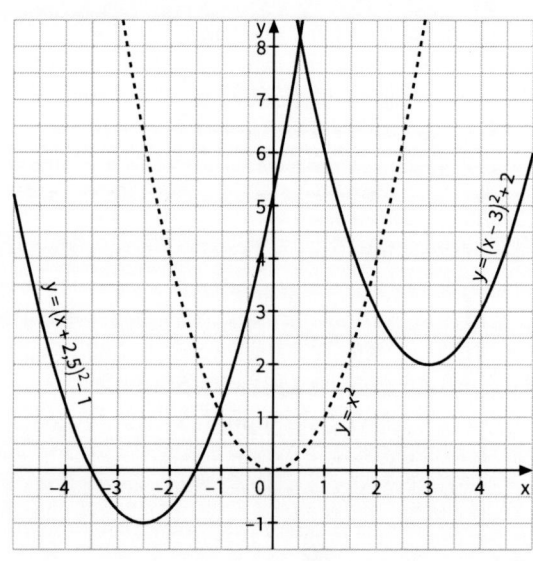

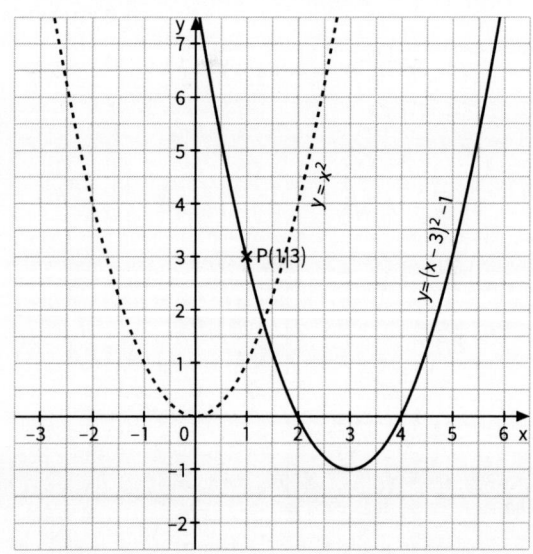

14   **15.a)** $y = x^2 - 3$
        b) $y = x^2 + 2x + 2 = (x + 1)^2 + 1$
        c) $y = (x - 2)^2 + 1,5 = x^2 - 4x + 5,5$
        d) $y = x^2 - 1$

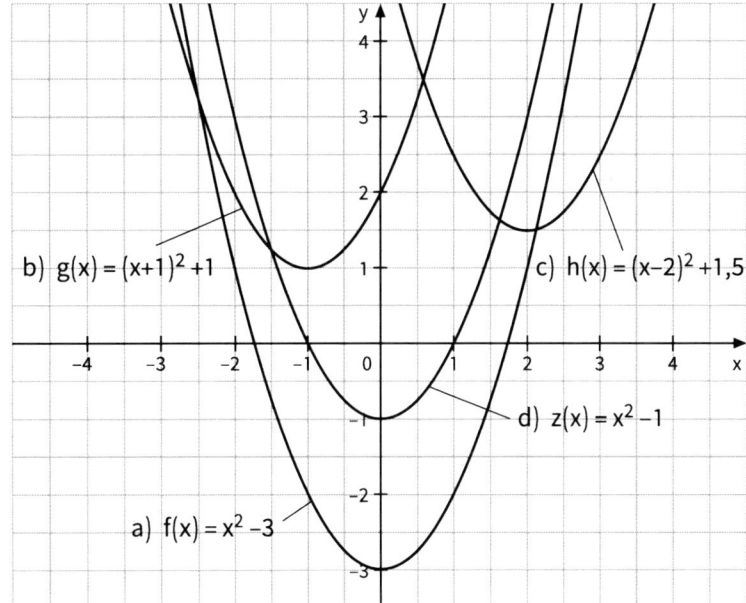

15   **16.**

1	2	3	4	3
5	4	4	3	2
4	4	2	1 oder 2	2
1 oder 2	1 oder 2	3	1 oder 3	5
4	5	2	3	1
5	5	1 oder 2	3	1
5	1	1 oder 3	4	5

2.4 Strecken und Spiegeln der Normalparabel

16   **17.a)** Z. B.: $P_1(-2\,|\,4)$; dann ist $P_1'(-2\,|\,8)$ oder
        $P_2(1\,|\,1)$; dann ist $P_2'(1\,|\,2)$
        Die y-Koordinate wird jeweils verdoppelt.
        Funktionsgleichung: $y = 2x^2$
        b) Z. B.: $P_1(-2\,|\,4)$; dann ist $P_1'(-2\,|\,1)$ oder
        $P_2(1\,|\,1)$; dann ist $P_2'(1\,|\,0,25)$
        Die y-Koordinate wird jeweils geviertelt
        (durch 4 geteilt).

        Funktionsgleichung: $y = \frac{1}{4}x^2$

        c) $y = -x^2$

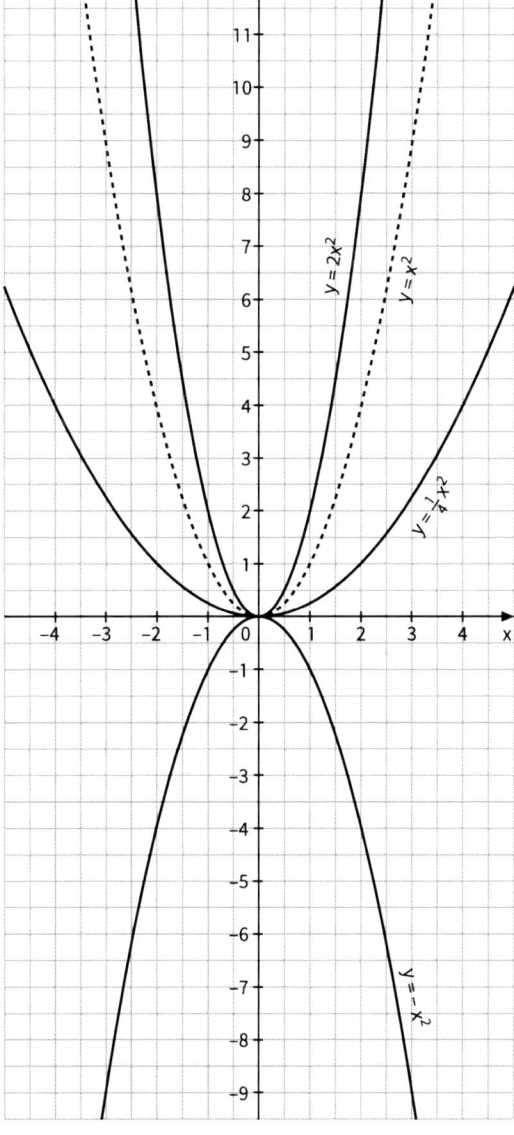

2.5 Strecken und Verschieben der Normalparabel – Gleichungen der Form $ax^2 + bx + c = 0$

17   **18.** Es ergeben sich folgende Graphen:

   a) $y = 1{,}5 \cdot (x - 3)^2 - 1$

   b) $y = \frac{1}{2} \cdot (x + 2)^2 - 3$

18   **c)** $y = -0{,}5 \cdot (x - 2)^2 + 3$

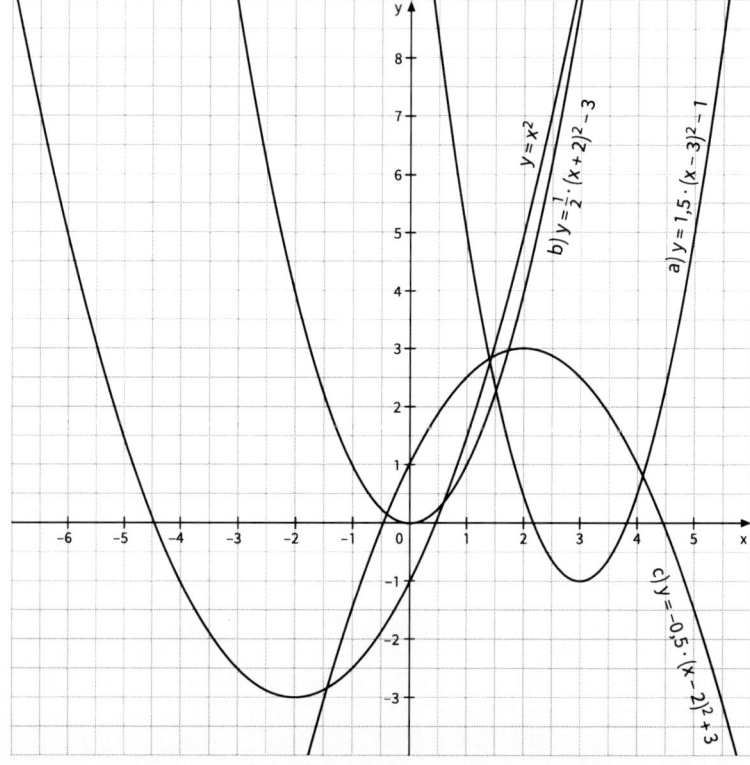

19. a) $y = \frac{1}{2}x^2 - 2$

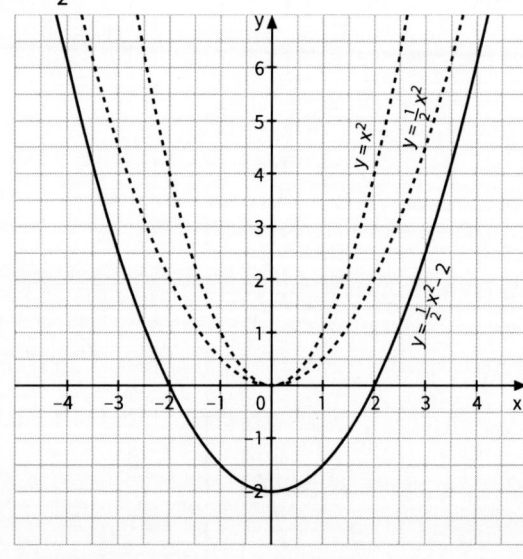

b) $y = \frac{1}{2}(x^2 - 2) = \frac{1}{2}x^2 - 1$

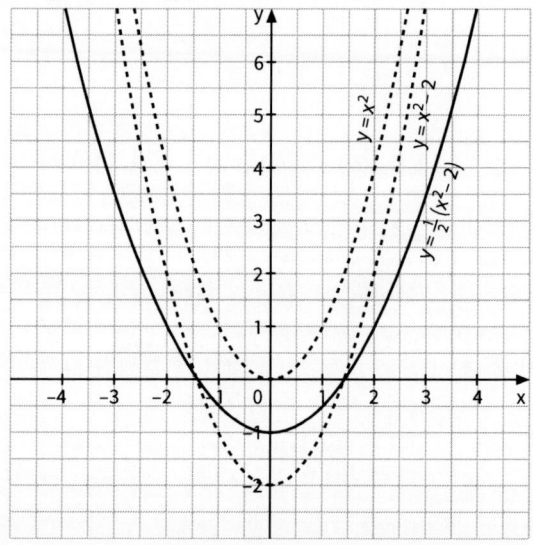

c) Man erhält verschiedene Funktionen; die Reihenfolge aus Verschieben und Strecken ist also nicht kommutativ.

19   **20.a)** $y = 2 \cdot (x - 1{,}5)^2$

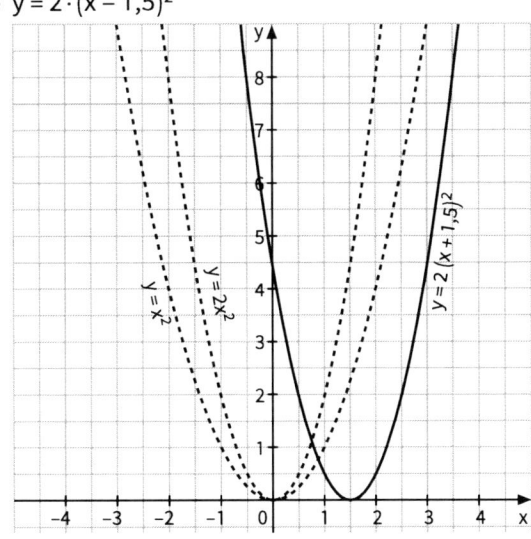

b) $y = 2 \cdot (x - 1{,}5)^2$

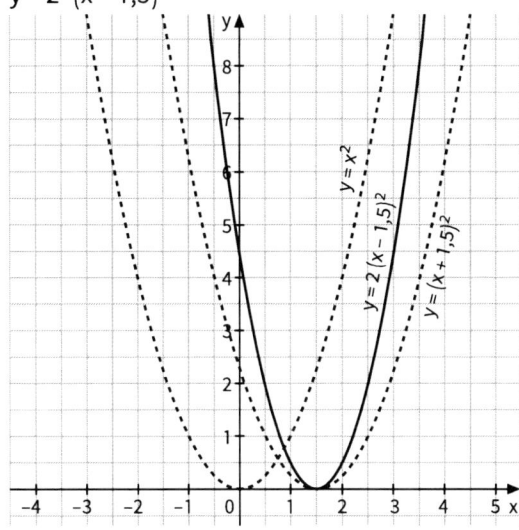

c) Man erhält jeweils dieselbe Funktion.

21.1) $y = 3 \cdot (x + 5)^2$

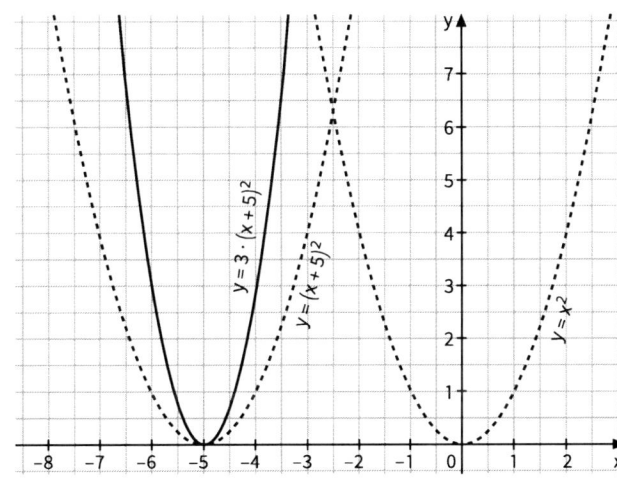

2) $y = -x^2 - 4$ oder $y = -x^2 + 4$

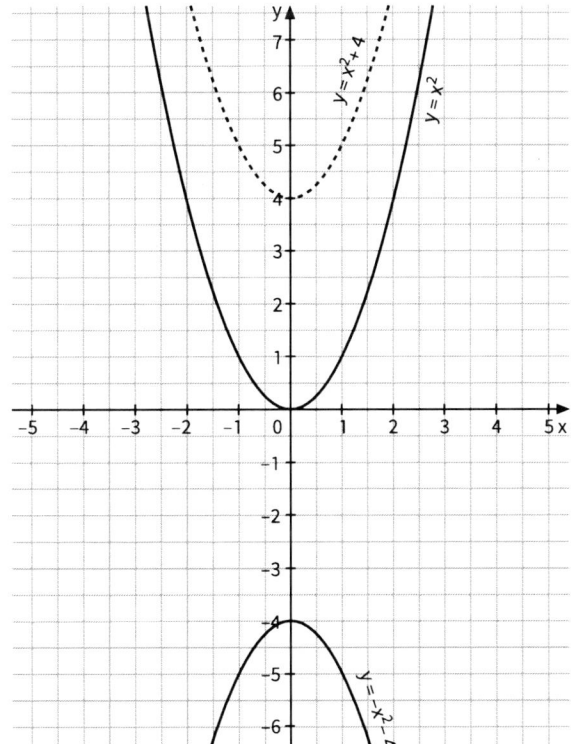

19   **21.3)** $y = 0,5\,x^2 - 1,5$ oder $y = 0,5\,x^2 - 3$

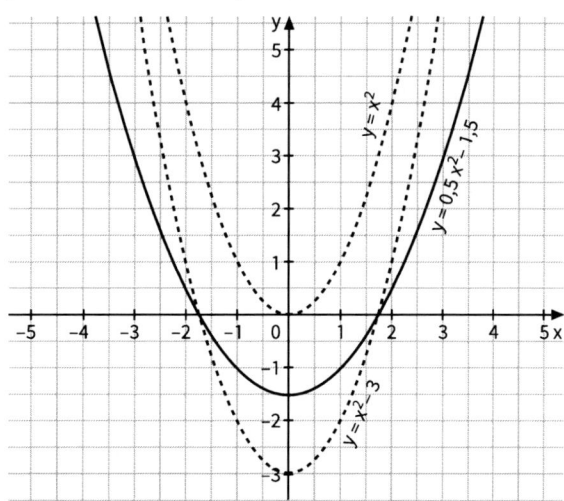
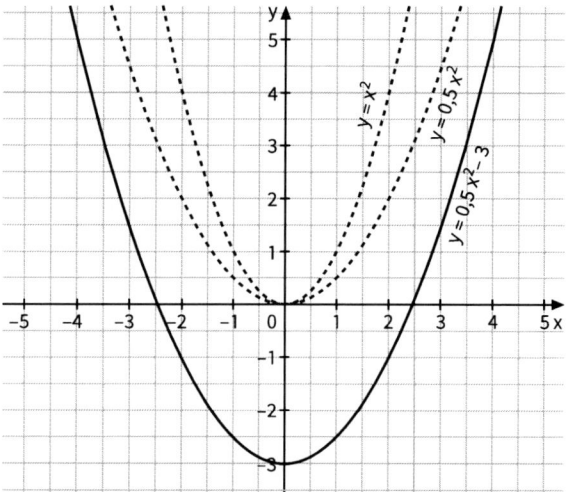

4) $y = (x - 3)^2 - 3$

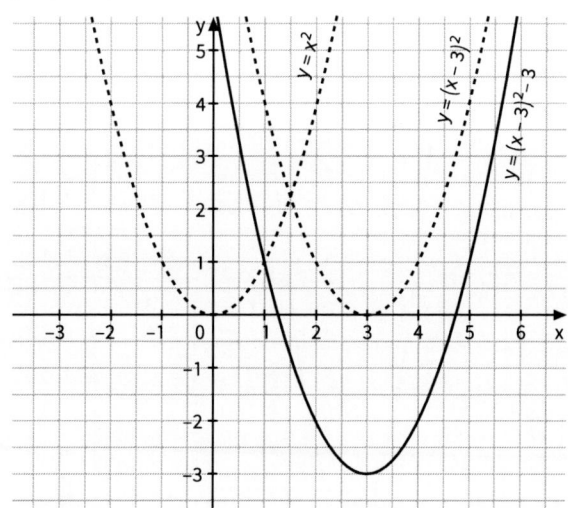
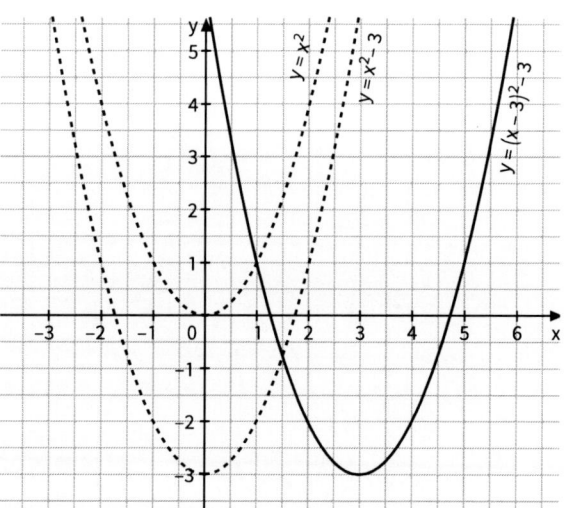

5) $y = -\frac{3}{2}\,x^2$

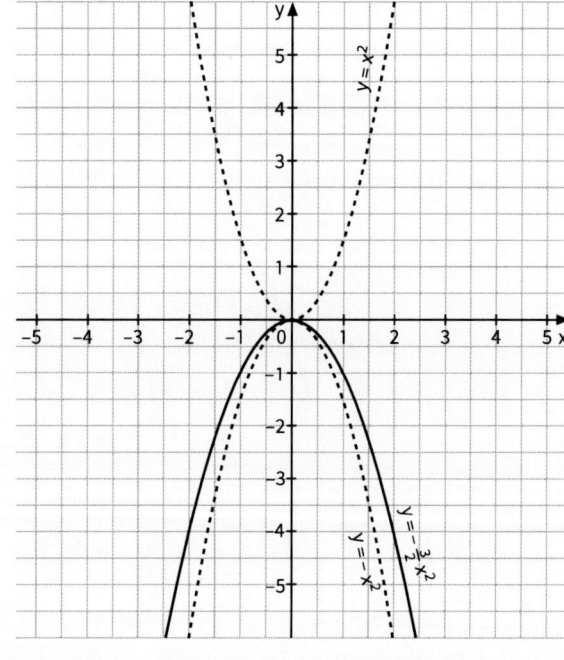
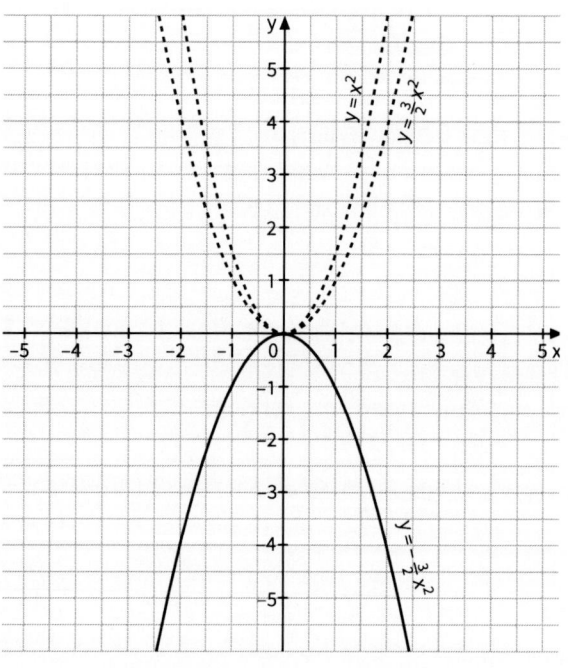

19   **21.6)** $y = -(x - 0,5)^2$

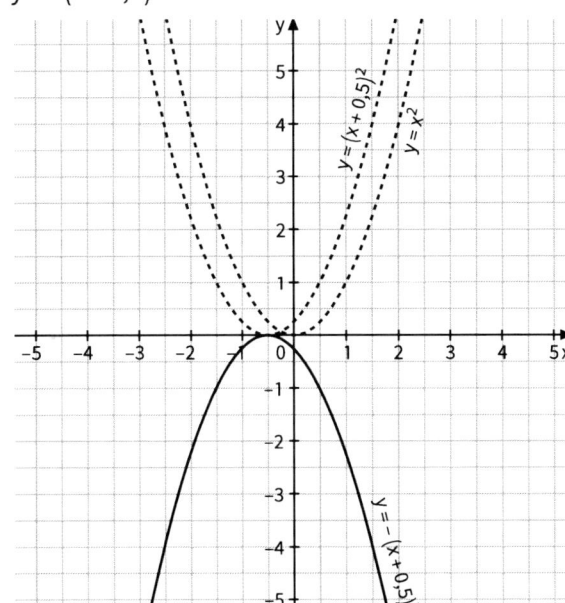 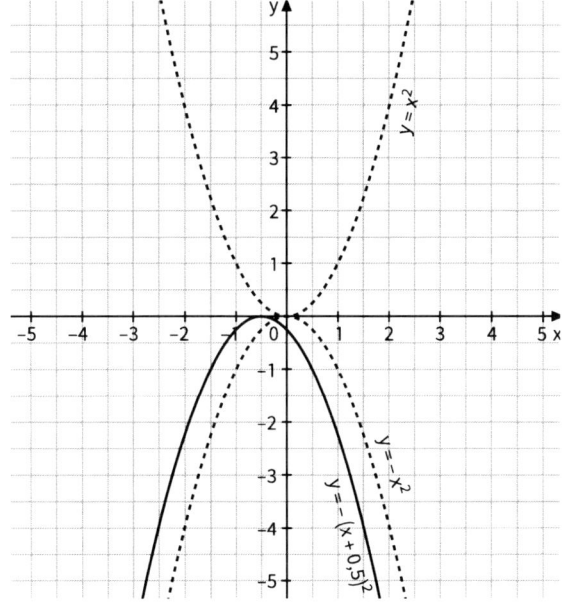

20   **22.** $f(x) = 2x^2 + 4x - 4 = 2(x^2 + 2x - 2) = 2(x + 1)^2 - 6$

Strecken mit dem Faktor 2, um eine Einheit nach links und um 6 Einheiten nach unten verschieben. Ebenso wird das Koordinatensystem verschoben.

23.a) Von links nach rechts:

Rosa: $f(x) = -(x + 4)^2 + 16$ Grün: $f(x) = -(x - 1)^2 + 1$

Schwarz: $f(x) = -(x + 3)^2 + 9$ Gelb: $f(x) = -(x - 2)^2 + 4$

Rot: $f(x) = -(x + 2)^2 + 4$ Braun: $f(x) = -(x - 3)^2 + 9$

Blau: $f(x) = -(x + 1)^2 + 1$ Blau: $f(x) = -(x - 4)^2 + 16$

b) Mittig von oben nach unten:

Grün: $f(x) = -x^2 + 9$ Grün: $f(x) = \frac{1}{9}x^2 - 1$

Rosa: $f(x) = -\frac{1}{2}x^2 + 4,5$ Schwarz: $f(x) = -\frac{1}{3}x^2 + 3$

Schwarz: $f(x) = \frac{1}{3}x^2 - 3$ Rot: $f(x) = \frac{1}{2}x^2 - 4,5$

Braun: $f(x) = -\frac{1}{9}x^2 + 1$ Blau: $f(x) = x^2 - 9$

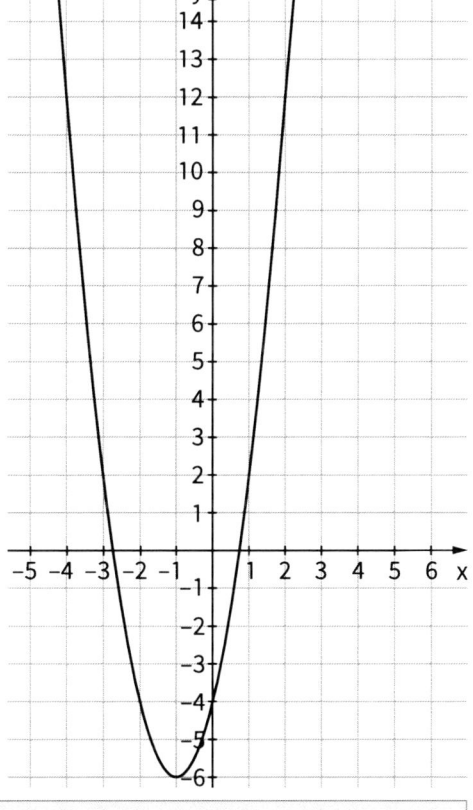

21   **24.**

Eigenschaften	**a)** $f(x) = 2x^2 - 4x + 1$ $f(x) = 2(x - 1)^2 - 1$	**b)** $g(x) = -0,5x^2 - 2x$ $g(x) = -0,5(x + 2)^2 + 2$
Streckfaktor	2	$-0,5$
Scheitelpunkt	$(1 \mid -1)$	$(-2 \mid 2)$
Symmetrieachse	$x = 1$	$x = -2$
Nullstellen	$x = 1 - \frac{1}{\sqrt{2}} = 0,2929\ldots$ und $x = 1 + \frac{1}{\sqrt{2}} = 1,7071\ldots$	$x = -4$ und $x = 0$
steigend/fallend	fallend für $x < 1$, steigend für $x > 1$	steigend für $x < -2$, fallend für $x > -2$

25.a) $L = \{-2\}$ **b)** $L = \{\ \}$

2.6 Strategien zum Lösen quadratischer Gleichungen

22   **26.** Hierfür muss zunächst der Abstand der Schilder mit der Angabe 2,4 m abgeschätzt werden. Nimmt man hierfür den Abstand 4 m an, so lässt sich aus den folgenden Bedingungen eine Parabelgleichung der Form
$f(x) = a x^2 + c$ bestimmen: $f(0) = 3,5$ \qquad $f(2) = 2,4$
Es ergibt sich für diese Werte zum Beispiel $f(x) = -0,275 x^2 + 3,5$.

27. (1) Der Graph zu $y = x^2 + 1$ schneidet die x-Achse nicht.
Die Funktion hat keine Nullstellen.
Die zugehörige Gleichung $x^2 + 1 = 0$ hat keine Lösung, da $\sqrt{-1}$ nicht definiert ist.

(2) Der Graph zu $y = x^2$ berührt die x-Achse im Punkt $O(0|0)$.
Die Funktion hat die Nullstelle $x = 0$.
Die zugehörige Gleichung hat eine Lösung, nämlich $x = 0$.

(3) Der Graph zu $y = x^2 - 1$ schneidet die x-Achse in den Punkten $S_1(0|-1)$ und $S_2(0|1)$. Die Funktion hat die Nullstellen $x_1 = -1$ und $x_2 = 1$. Die zugehörige Gleichung hat zwei Lösungen, nämlich $x_1 = -1$ und $x_2 = 1$.

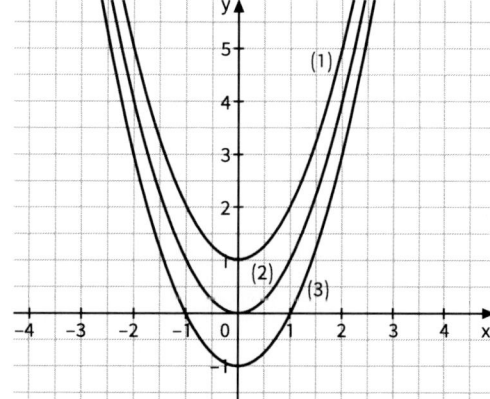

28. Leo: $x^2 + 6x = 0$ | Ausklammern   \qquad Laura: $x^2 + 6x = 0$ | quadratische Ergänzung

Leo:
$x^2 + 6x = 0$ | Ausklammern
$x(x + 6) = 0$
$x = 0$ oder $x + 6 = 0$
$x_1 = 0;\ x_2 = -6$

Laura:
$x^2 + 6x = 0$ | quadratische Ergänzung
$x^2 + 6x + 9 = 9$ | binomische Formel
$(x + 3)^2 = 9$ | $\sqrt{}$
$x + 3 = \pm 3$
$x_1 = 0;\ x_2 = -6$

24   **29. a)** $L = \{-6; 6\}$ \qquad **d)** $L = \{-6\}$ \qquad **g)** $L = \{-2,5; 3\}$
b) $L = \{\ \}$ \qquad **e)** $L = \{-4; 4\}$ \qquad **h)** $L = \{-9; -3\}$
c) $L = \{-8; 0\}$ \qquad **f)** $L = \{-1,5\}$ \qquad **i)** $L = \{1 - 2\sqrt{2};\ 1 + 2\sqrt{2}\} = \{\approx -1,83;\ \approx 3,83\}$

30. a) $3x^2 + x - 3 = x^2 - 3x$ | $-x^2 + 3x$
$2x^2 + 4x - 3 = 0$ | $: 2$
$x^2 + 2x - 1,5 = 0$
$x_{1/2} = -1 \pm \sqrt{1 + 1,5}$
$x_1 = -1 + \sqrt{2,5};\ x_2 = -1 - \sqrt{2,5}$
$L = \{-1 + \sqrt{2,5};\ -1 - \sqrt{2,5}\}$
Sophia hat die quadratische Gleichung vor dem Anwenden der p-q-Formel nicht auf die Normalform gebracht.

b) $x^2 - (x - 6) \cdot 2 = 22 - 4x$
$x^2 - 2x + 12 = 22 - 4x$ | $-22 + 4x$
$x^2 + 2x - 10 = 0$
$x_{1/2} = -1 \pm \sqrt{1 + 10}$
$x_1 = -1 + \sqrt{11};\ x_2 = -1 - \sqrt{11}$
$L = \{-1 + \sqrt{11};\ -1 - \sqrt{11}\}$
Sophia hat unter der Wurzel nicht -1 quadriert sondern die 1. Damit erhält sie als Ergebnis $-1^2 = -1$ statt $(-1)^2 = 1$.

c) $x \cdot (x + 2) + 6x = 4 \cdot (2x - 2)$
$x^2 + 2x + 6x = 8x - 8$ | $-8x + 8$
$x^2 + 8 = 0$
$x_{1/2} = 0 \pm \sqrt{0 - 8}$
$x_1 = \sqrt{-8};\ x_2 = -\sqrt{-8}$
$L = \{\ \}$
Sophia hat p und q verwechselt.

23

31. Pascal hat Recht, denn:

$a\,x^2 + b\,x = 0$ | Ausklammern

$x\,(a\,x + b) = 0$

$x \neq 0$ oder $a\,x + b \neq 0$

$x_1 = 0;\ x_2 = -\dfrac{b}{a}$

Wegen $a \neq 0$ und $b \neq 0$ ist $-\dfrac{b}{a} \neq 0$. Es gibt also zwei Lösungen.

2.7 Schnittpunkte von Parabeln und Geraden

24

32.a) $(x + 2)^2 = 3$

$\quad x + 2 = \pm\sqrt{3}$

$\quad x_1 = -2 + \sqrt{3} \approx -0{,}27$

$\quad x_2 = -2 - \sqrt{3} \approx -3{,}73$

b) $x^2 = -x + 1$

$\quad x^2 + x = 1$

$\quad x^2 + x + 0{,}25 = 1 + 0{,}25$

$\quad (x + 0{,}5)^2 = 1{,}25$

$\quad x + 0{,}5 = \pm\sqrt{1{,}25}$

$\quad x_1 = -0{,}5 + \sqrt{1{,}25} \approx 0{,}62$

$\quad x_2 = -0{,}5 - \sqrt{1{,}25} \approx -1{,}62$

c) $-x^2 + 2{,}5 = -1$

$\quad x^2 = 3{,}5$

$\quad x = \pm\sqrt{3{,}5}$

$\quad x_1 = \sqrt{3{,}5} \approx 1{,}87$

$\quad x_2 = -\sqrt{3{,}5} \approx -1{,}87$

33.(1) keinen Punkt: $y = 5$ (y-Achsenabschnitt $b > 3$)

(2) einen Punkt: $y = 3$ (hier gibt es nur diese Lösung)

(3) genau zwei Punkte: $y = -5$

(y-Achsenabschnitt $b < 3$, Steigung beliebig)

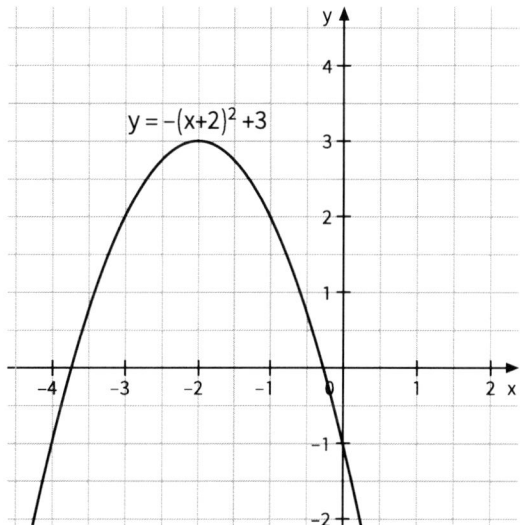

34.a) $S_1\,(1{,}4\,|\,3{,}8);\ S_2\,(-1{,}4\,|\,-1{,}8)$

b) $-\dfrac{1}{2}(x - 2)^2 + 4 = x^2 + 2x - 1$

$\quad\quad \dfrac{3}{2}x^2 = 3$

$\quad\quad x^2 = 2$

$\quad\quad x_1 = \sqrt{2} \approx 1{,}41$

$\quad\quad x_2 = -\sqrt{2} \approx -1{,}41$

$f\left(\sqrt{2}\right) = \left(\sqrt{2}\right)^2 + 2 \cdot \sqrt{2} - 1$

$\quad = 2 + 2\sqrt{2} - 1$

$\quad = 2\sqrt{2} + 1 \approx 3{,}83$

$f\left(-\sqrt{2}\right) = \left(-\sqrt{2}\right)^2 - 2 \cdot \sqrt{2} - 1$

$\quad = -2\sqrt{2} + 1 \approx -1{,}83$

$S_1\left(\sqrt{2}\,|\,2\sqrt{2} + 1\right) \approx S_1\,(1{,}41\,|\,3{,}83);$

$S_2\left(-\sqrt{2}\,|\,-2\sqrt{2} + 1\right) \approx S_1\,(-1{,}41\,|\,-1{,}83)$

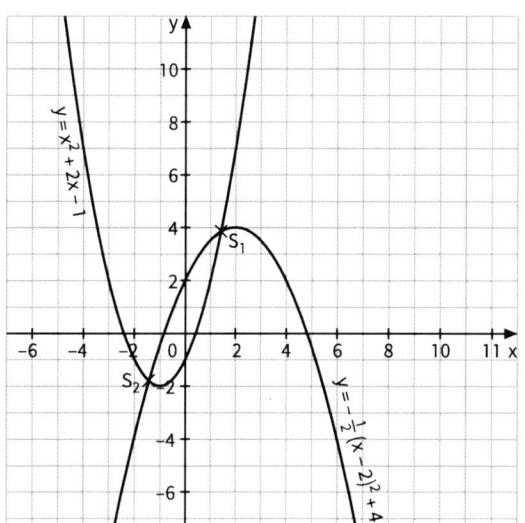

2.8 Modellieren – Anwenden von quadratischen Gleichungen

25

35. Bisheriges Grundstück: $A_1 = x^2$ Neues Grundstück: $A_2 = (x-2)(x+2,5)$

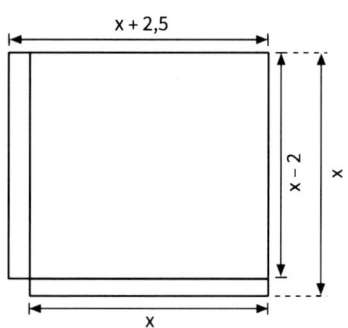

$A_1 + 5 = A_2$

$x^2 + 5 = (x-2)(x+2,5)$

$x^2 + 5 = x^2 + 0,5x - 5$

$5 = 0,5x - 5$

$20 = x$

Das bisherige Grundstück hat die Maße 20 m × 20 m, das neue Grundstück die Maße 22,5 m × 18 m.

36. Die Gesamtfläche des Quadrates beträgt 4 cm · 4 cm = 16 cm².

Da die Flächeninhalte der blauen und der gelben Fläche im Verhältnis 3 : 1 stehen, ergibt sich für die blaue Fläche ein Flächeninhalt von 12 cm² und für die gelbe Fläche ein Flächeninhalt von 4 cm².

Die Grundseite des Dreiecks lässt sich beschreiben durch (4 – 2 a).

Die Höhe des Dreiecks beträgt (4 – a).

Bei bekanntem Flächeninhalt von 3 cm² lässt sich nun a bestimmen:

$A_{Dreieck} = \dfrac{g \cdot h}{2} = \dfrac{(4-2a)(4-a)}{2} = 4.$

Das Lösen der Gleichung liefert $a = 3 - \sqrt{5} \approx 0,76$ und $a = 3 + \sqrt{5} \approx 5,24$.

Die Lösung a = 5,24 cm kann man ausschließen, da die Seitenlänge des Quadrates nur 4 cm betragen soll.

Somit beträgt die Entfernung der Eckpunkte des Dreiecks von den Quadratseiten 0,76 cm.

2.9 Optimierungsprobleme mit quadratischen Funktionen – Lösungsstrategien

26

37. a)

Preis-senkung (in €)	Verkaufs-preis (in €)	Anzahl verkaufter Exemplare	Einnahme (in €)
0	1,00	250	250,00
0,10	0,90	300	270,00
0,20	0,80	350	280,00
0,30	0,70	400	280,00
0,40	0,60	450	270,00
0,50	0,50	500	250,00
0,60	0,40	550	220,00

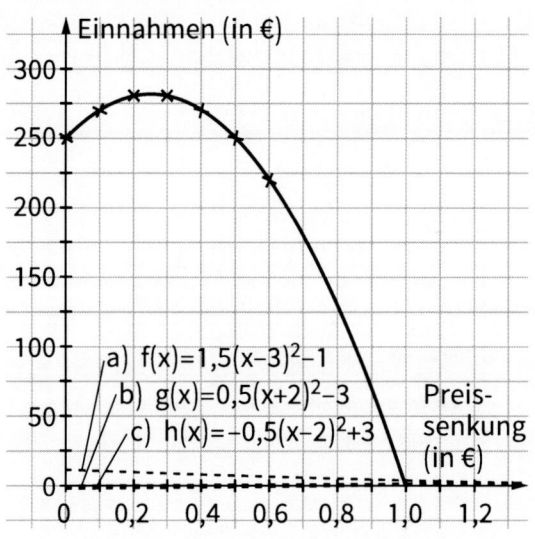

a) $f(x) = 1,5(x-3)^2 - 1$
b) $g(x) = 0,5(x+2)^2 - 3$
c) $h(x) = -0,5(x-2)^2 + 3$

b) Es ist $f(x) = -500x^2 + 250x + 250$.

Das Maximum der Funktion liegt bei einer Preissenkung von x = 0,25 €. Somit beträgt der optimale Verkaufspreis für die Schülerzeitung 0,75 €. Damit würden Einnahmen in Höhe von 281,25 € generiert.

c) Dann wäre $f(x) = -500x^2 - 100x + 600$.

Der optimale Verkaufspreis muss über 1,00 € liegen, weil die Einnahmen bei einer Preissenkung direkt sinken. Der Hochpunkt der Funktion f liegt bei (– 0,1 | 605). Somit sollte der Preis auf 1,10 € erhöht werden. Dann würden Einnahmen in Höhe von 605 € generiert.

Bist du kompetent im Umgang mit Funktionen Parabeln **?**

27 **38.** *Parabel (1):*

$y = (x + 3)^2 - 4$ $x = -3$ ist die Symmetrieachse

$y = x^2 + 6x + 5$ um 4 nach unten verschoben

$S(-3 \mid -4)$ Nullstellen bei $x_1 = -1$ und $x_2 = -5$

Parabel (2):

$S(3 \mid 1)$ auf die Hälfte gestaucht

keine Nullstellen $y = \frac{1}{2}(x - 3)^2 + 1$

$y = \frac{1}{2}x^2 - 3x + 5{,}5$

Parabel (3):

$y = -1{,}5(x - 2)^2$ gestreckt auf das $-1{,}5$-fache

steigt, wenn $x < 2$ um 2 nach rechts verschoben

$A(0 \mid -6)$, $B(4 \mid -6)$ nur eine Nullstelle bei $x_1 = 2$

$y = -1{,}5x^2 + 6x - 6$

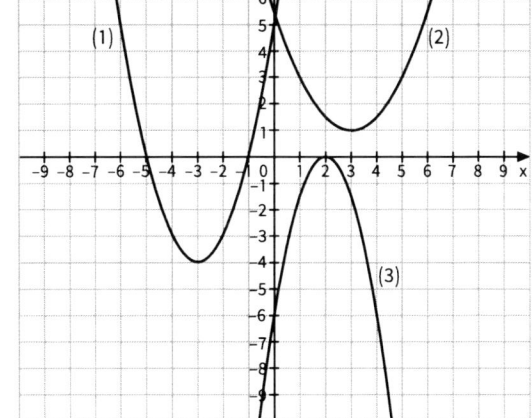

39. a) $140 \, \text{m}$

b) $100 = 0{,}005 \, v^2 + 0{,}3 \, v$ $0 = v^2 + 60 - 20\,000$ $L = \{-174{,}57; \, 114{,}57\}$

     Bei etwas weniger als $115 \, \frac{\text{km}}{\text{h}}$ beträgt der Anhalteweg $100 \, \text{m}$.

c) **(1)** $20 \, \text{m} + 1 \, \text{m} = 21 \, \text{m}$

     (2) Bei $50 \, \frac{\text{km}}{\text{h}}$ beträgt der Anhalteweg $27{,}5 \, \text{m}$.

     Er würde also theoretisch erst $6{,}5 \, \text{m}$ hinter dem Hindernis zu stehen kommen, d. h. der restliche Bremsweg (der Reaktionsweg entfällt) beträgt $6{,}5 \, \text{m}$.

     $6{,}5 = 0{,}005 \, v^2$; also $1\,300 = v^2$. Dann ist $v = \pm\sqrt{1\,300} \approx \pm 36$.

     Der Wagen prallt mit einer Geschwindigkeit von $36 \, \frac{\text{km}}{\text{h}}$ auf das Hindernis.

3.1 Satz des Thales

28 **1.**

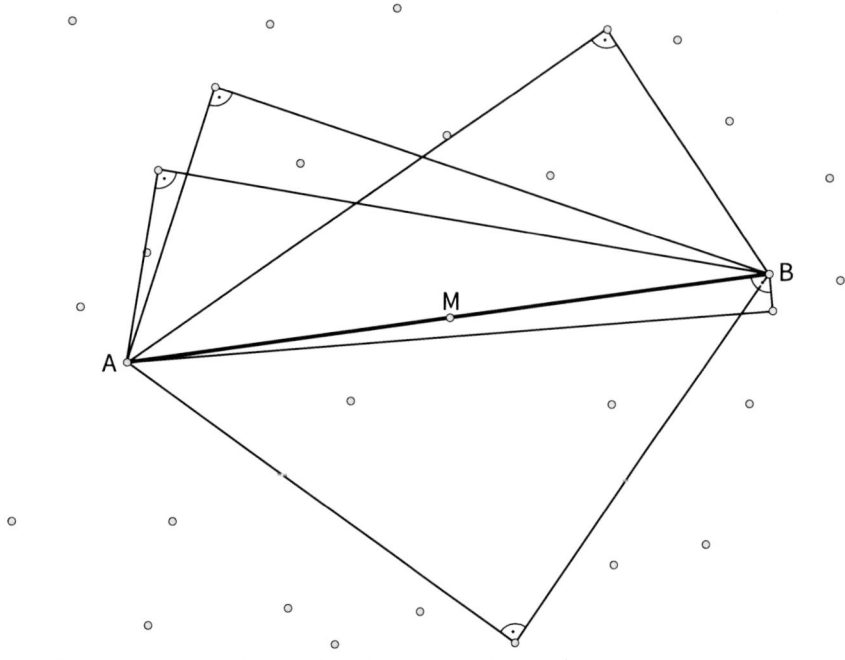

Damit ein rechtwinkliges Dreieck entsteht, müssen die Punkte auf dem Kreis durch die Punkte A und B mit dem Mittelpunkt M liegen.

2. Die gestrichelte Linie zeigt die vermutete Tangente am Kreis durch den Punkt A.
Verbinde zur Überpürfung der Vermutung die Punkte M und P und schlage einen (Halb-)Kreis um den Mittelpunkt dieser Strecke. Liegt der gewählte Punkt A auf diesem Kreis, so bildet das Dreieck mit den Eckpunkten P, A und M nach dem Satz des Thales ein rechtwinkliges Dreieck mit dem rechten Winkel bei A.
Die gestrichelte Gerade ist also die Tangente an den Kreis im Punkt A.

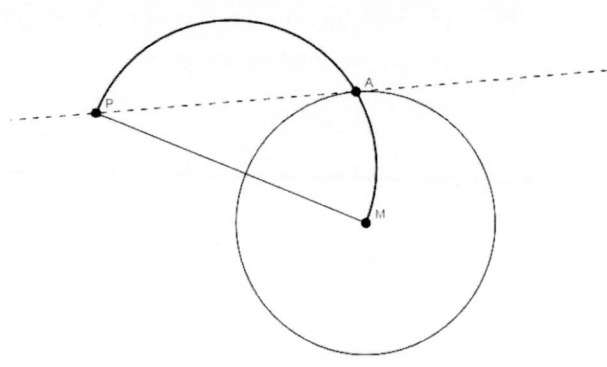

3.2 Satz des Pythagoras

29 **3. a)**   **b)**   **c)**

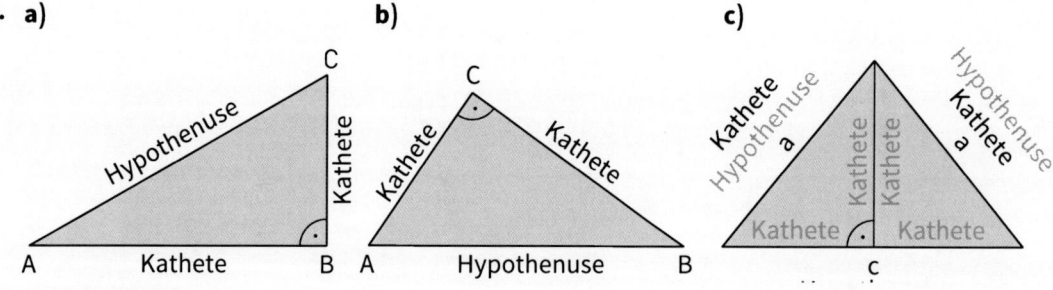

4.

Dreieck	ABG	EFG	BDE	BCD	HJL	HKM	IJK	HIK
Hypotenuse	$\overline{BG}$	$\overline{EG}$	$\overline{ED}$	$\overline{BD}$	$\overline{JL}$	$\overline{HK}$	$\overline{KJ}$	$\overline{HK}$
Kathete	$\overline{AB}$	$\overline{EF}$	$\overline{BD}$	$\overline{BC}$	$\overline{HJ}$	$\overline{KM}$	$\overline{IJ}$	$\overline{HI}$
Kathete	$\overline{AG}$	$\overline{FG}$	$\overline{BE}$	$\overline{CD}$	$\overline{HL}$	$\overline{MH}$	$\overline{IK}$	$\overline{IK}$

29 **5. a)** $|RT|^2 + |RS|^2 = |ST|^2$ **b)** $a = \sqrt{(p+q)^2 - b^2}$

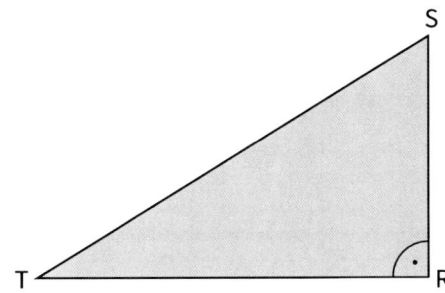

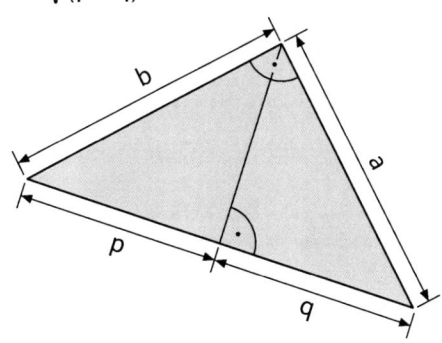

6. a) $l = \sqrt{(3{,}5\ \text{cm})^2 + (3{,}5\ \text{cm})^2}$ **b)** $l = \sqrt{(4\ \text{cm})^2 + (6\ \text{cm})^2}$ **c)** $l = \sqrt{(5\ \text{cm})^2 - (4\ \text{cm})^2}$

$= \sqrt{25\ \text{cm}^2} = 5\ \text{cm}$ $= \sqrt{52\ \text{cm}^2} \approx 7{,}2\ \text{cm}$ $= \sqrt{9\ \text{cm}^2} = 3\ \text{cm}$

30 **7.** –

3.3 Berechnen von Streckenlängen

31 **8. a)**

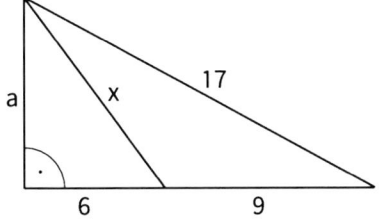

$a = \sqrt{17^2 - (6+9)^2} = 8$

$x = \sqrt{6^2 + 8^2} = 10$

b) $y = \sqrt{5^2 - 3^2} = 4$ **c)** $x_1 = \sqrt{(3+1)^2 + 2^2} = \sqrt{20} \approx 4{,}47$

$(3+x)^2 + y^2 = 8^2$ $x_2 = \sqrt{3^2 + (2+1)^2} = \sqrt{18} \approx 4{,}24$

$(3+x)^2 + 16 = 64$

$(3+x)^2 = 48$

$9 + 6x + x^2 = 48$

$x^2 + 6x - 39 = 0$

$x \approx 3{,}9$

9. a) $a = \sqrt{4{,}7^2 - 3{,}8^2} \approx 2{,}77$ **b)** $h = \sqrt{3{,}5^2 - 1{,}9^2} \approx 2{,}94$ **c)** $x = \sqrt{3^2 - \left(\frac{10-6}{2}\right)^2} = \sqrt{5} \approx 2{,}24$

$x = \sqrt{3{,}8^2 + (2{,}3 + 2{,}77)^2} \approx 6{,}34$ $x = \sqrt{2{,}94^2 + (4{,}8 - 1{,}9)^2} \approx 4{,}13$

10. $A = \frac{1}{2} \cdot 2{,}4\ \text{m} \cdot 3{,}7\ \text{m} = 4{,}44\ \text{m}^2$

Die Fläche des Segels beträgt ungefähr $4{,}5\ \text{m}^2$.

32 **11.** $2 \cdot \frac{1}{2} \cdot (1{,}2\ \text{m} + 0{,}4\ \text{m}) \cdot h - \frac{1}{2} \cdot (0{,}4\ \text{m} + 0{,}6\ \text{m}) \cdot 0{,}7\ \text{m} = A$

$h = \sqrt{(1{,}7\ \text{m})^2 - (1{,}2\ \text{m} + 0{,}4\ \text{m})^2} = 2{,}33\ \text{m}$

$A = 1{,}6\ \text{m} \cdot 2{,}33\ \text{m} - \frac{1}{2} \cdot 1\ \text{m} \cdot 0{,}7\ \text{m} = 3{,}378\ \text{m}^2$

Die Größe des blauen Logos beträgt etwa $3{,}4\ \text{m}^2$.

12. $U = |\overline{AB}| + |\overline{AC}| + |\overline{BC}|$

$|\overline{AC}| = \sqrt{9^2 + 2^2} = \sqrt{85} \approx 9{,}22$

$|\overline{AB}| = \sqrt{8^2 + 7^2} \approx 10{,}63$

$|\overline{BC}| = \sqrt{6^2 + 2^2} \approx 6{,}32$

$U \approx 26{,}17$

Der Umfang des Dreiecks beträgt etwa 26 Kästcheneinheiten.

32   **13.** $l_1 = \sqrt{(10\text{ m})^2 + (15\text{ m})^2} \approx 18,03\text{ m}$ $l_5 = \sqrt{(30\text{ m})^2 + (21\text{ m})^2} \approx 36,62\text{ m}$

$l_2 = \sqrt{(15\text{ m})^2 + (16,5\text{ m})^2} \approx 22,3\text{ m}$ $l_6 = \sqrt{(35\text{ m})^2 + (22,5\text{ m})^2} \approx 41,61\text{ m}$

$l_3 = \sqrt{(20\text{ m})^2 + (18\text{ m})^2} \approx 26,91\text{ m}$ $l_7 = \sqrt{(40\text{ m})^2 + (24\text{ m})^2} \approx 46,65\text{ m}$

$l_4 = \sqrt{(25\text{ m})^2 + (19,5\text{ m})^2} \approx 31,71\text{ m}$ $l_{ges} = 2 \cdot (l_1 + l_2 + l_3 + l_4 + l_5 + l_6 + l_7) = 447,66\text{ m}$

3.4 Umkehrung des Satzes des Pythagoras

33   **14.** Die gegebene Holzkonstruktion hat eine Diagonale von $d = \sqrt{(2,9\text{ m})^2 + (4,5\text{ m})^2} = 5,35\text{ m}$.

Wenn die Projektionsfläche nur eine Diagonale von 5,3 m haben soll, könnte man eine der beiden Seiten kürzen, z. B. die längere:

$(5,3\text{ m})^2 = (2,9\text{ m})^2 + x^2$

$x = 4,436$

Die längere Seite müsste auf 4,436 m gekürzt werden, um die gewünschte Fläche zu erhalten.

15.

	Seitenlänge a^2	Seitenlänge b^2	Seitenlänge c^2	rechtwinkliges Dreieck?
a)	12,25	31,36	42,25	nein
b)	10,89	31,36	42,25	ja
c)	1,44	12,25	13,69	ja

16.

	a)	b)	c)
a (in cm)	6,3	5,6	240
b (in cm)	1,6	7,3	60
c (in cm)	6,5	4,8	250
$a^2 + b^2$	42,25	84,65	61 200
c^2	42,25	23,04	62 500
Typ	rechtwinklig	spitzwinklig	stumpfwinklig

Bist du kompetent im Modellieren Berechnen von Körpern?

34   **17.a)** $l_1 = \sqrt{(6\text{ cm})^2 + (8\text{ cm})^2} = 10\text{ cm}$

Der Trinkhalm ist 10 cm lang.

b) $l_{max} = \sqrt{l_1^2 + (4\text{ cm})^2} \approx 10,77\text{ cm}$

Steckt man den Trinkhalm diagonal in die Safttüte, so guckt er nicht mehr heraus.

c) $l_{1neu} = \sqrt{(6\text{ cm} - 1\text{ cm})^2 + (8\text{ cm})^2} \approx 9,43\text{ cm}$ $l_{max} = \sqrt{l_{2neu}^2 + (4\text{ cm} - 1\text{ cm})^2} \approx 9,9\text{ cm}$

Der Strohhalm ist länger als die maximale Raumdiagonale, kann also nicht verschwinden.

e) $d = \sqrt{a^2 + b^2 + c^2}$

f) Die kleinste Raumdiagonale ergibt sich, wenn die Seiten a und b der Safttütenöffnung den kleinsten Wert annehmen, also bei der Hälfte der Seitenlänge.

$d = \sqrt{(3\text{ cm})^2 + (2\text{ cm})^2 + (8\text{ cm})^2} \approx 8,77\text{ cm}$

Durch Verändern der Position des Einstechlochs lässt sich erreichen, dass der Strohhalm ca. 1,2 cm heraussteht.

(Fehler in Auflage 1 des Arbeitsheftes: die Aufgabennummern 18. und 19. gehören als Teilaufgaben d) und e) zu Aufgabe 17.

3.5 Sinus, Kosinus und Tangens

35 **19.a)** Hypotenuse b; Ankathete c; Gegenkathete a

$\sin(a) = \frac{a}{b}$; $\cos(a) = \frac{c}{b}$; $\tan(a) = \frac{a}{c}$

b) Hypotenuse a; Ankathete c; Gegenkathete b

$\sin(b) = \frac{b}{a}$; $\cos(b) = \frac{c}{a}$; $\tan(b) = \frac{b}{c}$

c) Hypotenuse c; Ankathete b; Gegenkathete a

$\sin(a) = \frac{a}{c}$; $\cos(a) = \frac{b}{c}$; $\tan(a) = \frac{a}{b}$

d) Hypotenuse a; Ankathete b; Gegenkathete c

$\sin(g) = \frac{c}{a}$; $\cos(g) = \frac{b}{a}$; $\tan(g) = \frac{c}{b}$

20. $a = 6\,\text{cm}$; $b = 4,5\,\text{cm}$; $c = 7,5\,\text{cm}$; $\alpha = 53°$; $\beta = 37°$; $\gamma = 90°$

$\sin(\alpha) = \sin(53°) = 0,8 = \frac{6}{7,5}$; $\cos(\alpha) = \cos(53°) \approx 0,6 = \frac{4,5}{7,5}$; $\tan(\alpha) = \tan(53°) \approx 1,33 \approx \frac{6}{4,5}$

$\sin(\beta) = \sin(37°) \approx 0,6 = \frac{4,5}{7,5}$; $\cos(\beta) = \cos(37°) \approx 0,8 = \frac{6}{7,5}$; $\tan(37°) = 0,75 = \frac{4,5}{6}$

21.a) **(1)** $\frac{|BF|}{|AF|} = \tan(\alpha_2)$ **(2)** $\frac{|AF|}{|AB|} = \sin(\beta_1)$ **(3)** $\frac{|CF|}{|CD|} = \sin(\delta_1)$ **(4)** richtig   **(5)** richtig   **(6)** richtig

b) Beispiele: $\frac{|BF|}{|AB|} = \cos(\alpha_2)$; $\frac{|FC|}{|BF|} = \tan(\beta_2)$

3.6 Bestimmen von Werten für Sinus, Kosinus und Tangens – Zusammenhänge

36 **22.**

α	$\sin(\alpha)$	$\cos(\alpha)$	$\tan(\alpha)$
15°	0,259	0,966	0,268
30°	0,5	0,866	0,577
45°	0,707	0,707	1
60°	0,866	0,5	1,732
75°	0,966	0,2588	3,732

23. $\sin(24°) = 0,4$ $\sin(46°) = 0,72$
$\cos(66°) = 0,4$ $\cos(44°) = 0,72$
$\sin(12°) = 0,2$ $\sin(40°) = 0,64$
$\cos(78°) = 0,2$ $\cos(50°) = 0,64$
$\sin(20°) = 0,35$
$\cos(70°) = 0,35$

3.7 Berechnungen in rechtwinkligen Dreiecken

37 **24.a)** $c = 5,6\,\text{cm} \cdot \cos(25°) \approx 5,1\,\text{cm}$

b) $\tan(g) = \frac{3,5}{2,2}$, also $g \approx 57,8°$

c) $x = \frac{8,2\,\text{cm}}{\sin(40°)} \approx 12,8\,\text{cm}$

d) $\tan(a) = \frac{4,8\,\text{cm}}{3,2\,\text{cm}}$, also $a \approx 56,3°$

25. $|AD| = |CD| = 8,0\,\text{cm}$ $|BC| = |AD| = 5,0\,\text{cm}$ $|DM| = |MC| = 4,0\,\text{cm}$

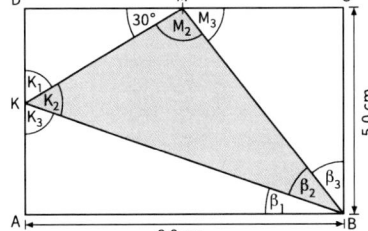

$\cos(30°) = \frac{|DM|}{|KM|}$, also $|KM| = \frac{|DM|}{\cos(30°)} = \frac{4,0\,\text{cm}}{\cos(30°)} = 4,62\,\text{cm}$

$\tan(30°) = \frac{|KD|}{|DM|}$, also $|KD| = |DM| \cdot \tan(30°) = 4,0\,\text{cm} \cdot \tan(30°) = 2,31\,\text{cm}$

$|AK| = |AD| - |KD| = 5,0\,\text{cm} - 2,31\,\text{cm} = 2,69\,\text{cm}$

$\tan(\beta_1) = \frac{|AK|}{|AB|} = \frac{2,69\,\text{cm}}{8,0\,\text{cm}}$, also $\beta_1 = 18,59°$

$\sin(\beta_1) = \frac{|AK|}{|BK|}$, also $|BK| = \frac{|AK|}{\sin(\beta_1)} = \frac{2,69\,\text{cm}}{\sin(18,59°)} = 8,44\,\text{cm}$

$\tan(M_3) = \frac{|BC|}{|MC|} = \frac{5,0\,\text{cm}}{4,0\,\text{cm}}$, also $M_3 = 51,34°$

$\sin(M_3) = \frac{|BC|}{|BM|}$, also $|BM| = \frac{|BC|}{\sin(M_3)} = \frac{5,0\,\text{cm}}{\sin(51,34°)} = 6,40\,\text{cm}$

$M_1 = 30°$; $M_3 = 51,34°$, also $M_2 = 180° - 30° - 51,34° = 98,66°$

$K_1 = 90° - 30° = 60°$; $K_3 = 90° - \beta_1 = 90° - 18,59° = 71,41°$, also $K_2 = 180° - 60° - 71,41° = 48,59°$

$\beta_1 = 18,59°$; $\beta_3 = 90° - M_3 = 90° - 51,34° = 38,66°$, also $\beta_2 = 90° - 18,59° - 38,66° = 32,75°$

Umfang des Dreiecks MKB: $u = |KM| + |BK| + |BM| = 4,62\,\text{cm} + 8,44\,\text{cm} + 6,40\,\text{cm} = 17,15\,\text{cm}$

Flächeninhalt des Dreiecks MKB:

$A_{\text{Rechteck ABCD}} - A_{\text{Dreieck ABK}} - A_{\text{Dreieck BCM}} - A_{\text{Dreieck KDM}}$

$= 8,0\,\text{cm} \cdot 5,0\,\text{cm} - \frac{1}{2} \cdot 8,0\,\text{cm} \cdot 2,69\,\text{cm} - \frac{1}{2} \cdot 5,0\,\text{cm} \cdot 4,0\,\text{cm} - \frac{1}{2} \cdot 4,0\,\text{cm} \cdot 2,31\,\text{cm} = 14,62\,\text{cm}^2$

3.8 Berechnungen in gleichschenkligen Dreiecken

37   **26.a)** Die Ankathete ist nur $\frac{c}{2} = 1,4\,\text{cm}$ lang.

$$\tan(55°) = \frac{h}{1,4\,\text{cm}}$$

$$h = 1,4\,\text{cm} \cdot \tan(55°)$$

$$h = 2,0\,\text{cm}$$

b) $\tan(40°) = \frac{h}{a}$

$$a = \frac{h}{\tan(40°)}$$

$$a = 2,38\,\text{cm}$$

$$x = 6,0\,\text{cm} - 2 \cdot a$$

$$x = 1,24\,\text{cm}$$

c) $a^2 = \left(\frac{e}{2}\right)^2 + \left(\frac{f}{2}\right)^2$

$$a = 4,03\,\text{cm}$$

$$\sin\left(\frac{\alpha}{2}\right) = \frac{\frac{e}{2}}{a} = \frac{e}{2a}$$

$$\sin\left(\frac{\alpha}{2}\right) = 0,5149$$

$$\frac{\alpha}{2} = 31,0°$$

$$a = 62,0°$$

3.9 Berechnungen in beliebigen Dreiecken

3.9.1 Sinussatz

38   **27.a)** Für das gegebene Dreieck ABC ist: $\beta = 46°$; $\gamma = 70°$; $a = 6,0\,\text{cm}$

$\alpha = 180° - 46° - 70° = 64°$

Es ist $\frac{a}{\sin(\alpha)} = \frac{b}{\sin(\beta)} = \frac{c}{\sin(\gamma)}$, also: $\frac{6}{\sin(64°)} = \frac{b}{\sin(46°)} = \frac{c}{\sin(70°)}$; $b \approx 4,80\,\text{cm}$; $c \approx 6,27\,\text{cm}$

b) Für das gegebene Dreieck ABC ist: $\alpha = 32°$; $\gamma = 111°$; $a = 4,2\,\text{cm}$

$\beta = 180° - 32° - 111° = 37°$

Es ist $\frac{a}{\sin(\alpha)} = \frac{b}{\sin(\beta)} = \frac{c}{\sin(\gamma)}$, also: $\frac{4,2}{\sin(32°)} = \frac{b}{\sin(37°)} = \frac{c}{\sin(111°)}$; also $b \approx 4,77\,\text{cm}$; $c \approx 7,4\,\text{cm}$

28. $\alpha = 180° - 37° - 63° - 80°$

$\frac{x}{\sin(37°)} = \frac{600}{\sin(\alpha)} = \frac{600}{\sin(80°)}$; $x \approx 367\,\text{m}$

$\frac{y}{\sin(63°)} = \frac{600}{\sin(80°)}$; $y \approx 543\,\text{m}$

Der Verbindungsweg wird 367 m lang und trifft 543 m von der Kreuzung unter einem Winkel von 80° auf den südlichen Waldweg auf.

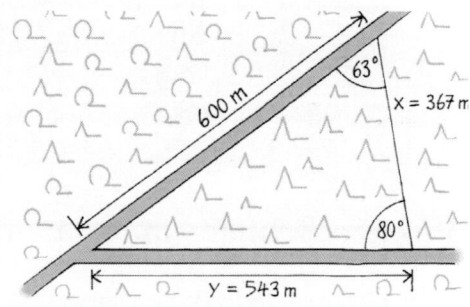

3.9.2 Kosinussatz

39   **29.a)** Für das gegebene Dreieck ABC ist: $\alpha = 52°$; $c = 7,1\,\text{cm}$; $b = 5,9\,\text{cm}$

Es ist $a^2 = (5,9\,\text{cm})^2 + (7,1\,\text{cm})^2 - 2 \cdot (7,1\,\text{cm}) \cdot (5,9\,\text{cm}) \cdot \cos(52°)$ also $a \approx 5,8\,\text{cm}$.

Weiter ist $b^2 = (5,9\,\text{cm})^2 = (5,8\,\text{cm})^2 + (7,1\,\text{cm})^2 - 2 \cdot (5,8\,\text{cm}) \cdot (7,1\,\text{cm}) \cdot \cos(\beta)$, also $\beta \approx 53°$.

Dann ist $\gamma = 180° - 52° - 53° = 75°$.

b) Für das gegebene Dreieck ABC ist: $b = 5,2\,\text{cm}$; $a = 3,4\,\text{cm}$; $\gamma = 151°$

Es ist $c^2 = (3,4\,\text{cm})^2 + (5,2\,\text{cm})^2 - 2 \cdot (3,4\,\text{cm}) \cdot (5,2\,\text{cm}) \cdot \cos(151°)$, also ist $c \approx 8,34\,\text{cm}$.

Weiter ist $a^2 = (3,4\,\text{cm})^2 = (5,2\,\text{cm})^2 + (8,34\,\text{cm})^2 - 2 \cdot (5,2\,\text{cm}) \cdot (8,34\,\text{cm}) \cdot \cos(\alpha)$, also $\alpha \approx 11°$.

Dann ist $\beta = 180° - 11° - 151° = 18°$.

30. Es ist $a = 80\,\text{m}$, $b = 120$, $c = 140\,\text{m}$.

$80^2 = 120^2 + 140^2 - 2 \cdot 120 \cdot 140 \cdot \cos(\alpha)$; $\alpha \approx 35°$

$120^2 = 80^2 + 140^2 - 2 \cdot 80 \cdot 140 \cdot \cos(\gamma)$; $\gamma \approx 59°$

$\beta = 180° - 59° - 35° = 86°$

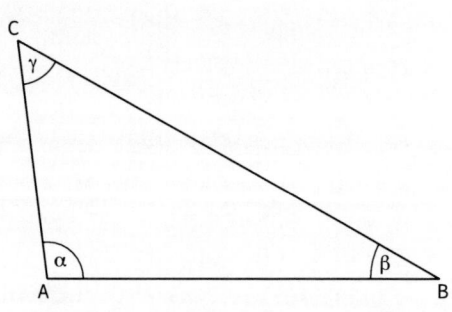

3.10 Vermischte Übungen

40   **31.** $\sin(30°) = \frac{1}{2} = \sin(150°) = \cos(60°) = -\cos(120°)$

$\sin(45°) = \frac{1}{2}\sqrt{2} = \sin(135°) = \cos(45°) = -\cos(135°)$

$\sin(60°) = \frac{1}{2}\sqrt{3} = \sin(120°) = \cos(30°) = -\cos(150°)$

40 **32.** Zeichne zunächst die Hypotenuse $|BC| = 6{,}0\,cm$ und trage an B
den Winkel $\beta = 24°$ ab. Mit $\alpha = 90°$ gilt:
$\gamma = 180° - 24° - 90° = 66°$. Trage an C den Winkel $\gamma = 66°$ ab.
Die freien Schenkel von β und γ treffen sich unter dem Winkel
$\alpha = 90°$ in A.

$\sin(24°) = \dfrac{|AC|}{6{,}0\,cm}$; $AC \approx 2{,}44\,cm$

$\cos(24°) = \dfrac{|AB|}{6{,}0\,cm}$; $AB \approx 5{,}48\,cm$

$A_{Dreieck} = \dfrac{1}{2} \cdot g \cdot h = \dfrac{1}{2} \cdot |AB| \cdot |AC| = \dfrac{1}{2} \cdot 5{,}48\,cm \cdot 2{,}44\,cm \approx 6{,}69\,cm^2$

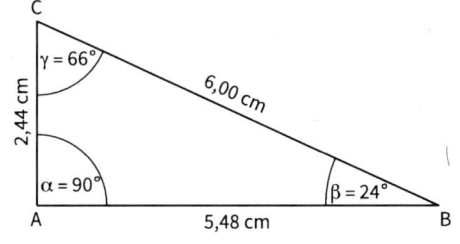

33.(1) Kosinussatz:

$a^2 = b^2 + c^2 - 2\,b\,c \cdot \cos(\alpha)$

$a^2 = (5\,cm)^2 + (10\,cm)^2 - 2 \cdot 5\,cm \cdot 10\,cm \cdot \cos(60°)$

$a^2 = \sqrt{75\,cm^2};\ a = 5\sqrt{3}\,cm \approx 8{,}66\,cm$

(2) Sinussatz:

$\dfrac{c}{\sin(\gamma)} = \dfrac{b}{\sin(\beta)}$

$\dfrac{10\,cm}{\sin(120°)} = \dfrac{b}{\sin(30°)}$

$b \approx 5{,}77\,cm$

(3) Kosinussatz:

$\cos(\alpha) = \dfrac{a^2 - b^2 - c^2}{-2\,b\,c}$

$\cos(\alpha) = \dfrac{(5\,cm)^2 - (7\,cm)^2 - (10\,cm)^2}{-2 \cdot 7\,cm \cdot 10\,cm}$

$\alpha \approx 27{,}66°$

(4) Sinussatz:

$\dfrac{a}{\sin(\alpha)} = \dfrac{b}{\sin(\beta)}$

$\dfrac{10\,cm}{\sin(30°)} = \dfrac{2\,cm}{\sin(\beta)}$

$\beta \approx 5{,}74°$

41 **34.a)** –

b) Die Darstellung des Walls ist nicht gut geeignet, da der Winkel links an der Basis größer als 40° ist und
der Winkel rechts sogar größer als 60° ist.

c) Ansatz: $h = \tan(20°) \cdot (10 - x) = \tan(35°) \cdot x$, dann ist $x = 3{,}4202$ und $h = 2{,}39$.
Linksseitig: 7,00 m; Rechtsseitig: 4,17 m
Die Annahme ist nicht ganz richtig.
Es werden etwa 1,68mal so viele Pflanzen links benötigt wie rechts.
Die Höhe beträgt etwa 2,39 m.

3.11 Sinus- und Kosinuskurve

42 **35.** Es ist $\sin(\alpha) = \dfrac{Gegenkathete}{Hypothenuse}$. Hier ist die Hypothenuse 1, also ist die Gegenkathete $\sin(\alpha)$.

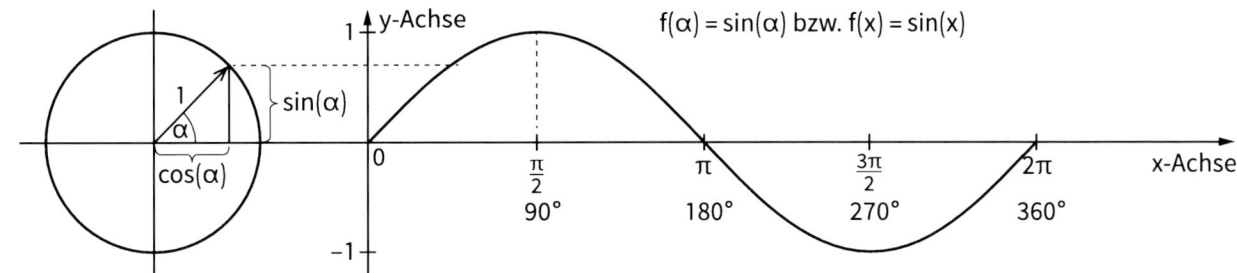

36. Es ist $\cos(\alpha) = \dfrac{Ankathete}{Hypothenuse}$. Die Hypothenuse ist 1, also ist die Ankathete $\cos(\alpha)$

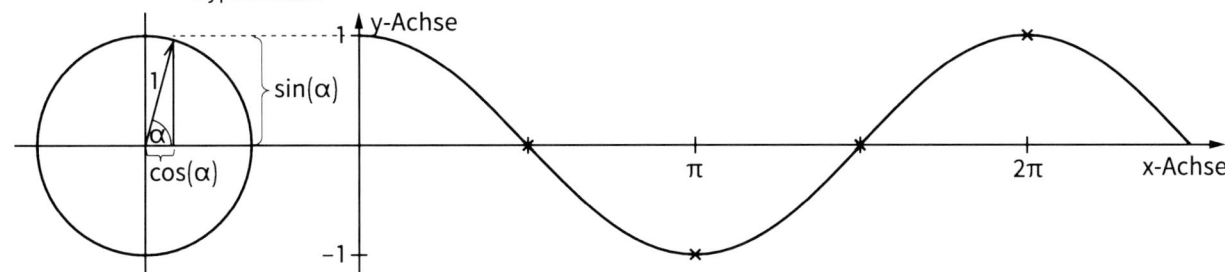

42   **37.**

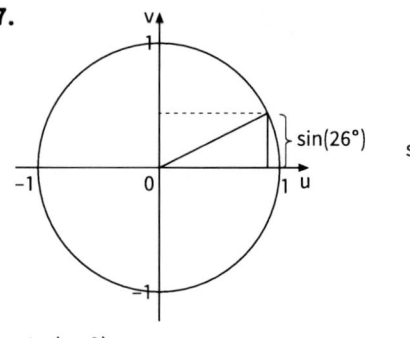   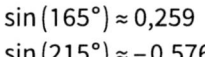   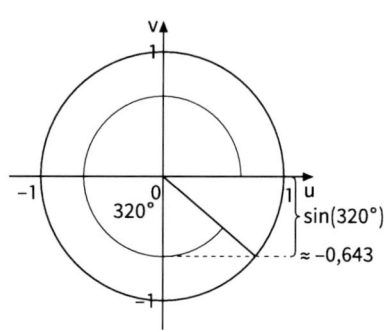

$\sin(26°) \approx 0,438$ $\sin(165°) \approx 0,259$ $\sin(215°) \approx -0,576$

                                 $\sin(215°) \approx -0,576$

38.a) Ablesen zeigt: $\sin(30°) = 0,5$

b) $\sin(30°) = \sin(150°) = 0,5$ $\cos(30°) = \cos(330°) = 0,866$

Die Formel lautet im Definitionsbereich $[0; 2\pi]$ lautet:

$\sin(x) = \sin(180° - x)$ für alle $x \in [0; 2\pi]$ und $\cos(x) = (360° - x)$ für alle $x \in [0; 2\pi]$.

4.1 Potenzen mit ganzzahligen Exponenten

4.1.1 Definition und Anwendung der Potenzen mit natürlichen Exponenten

43

1. a) $3^4 = 3 \cdot 3 \cdot 3 \cdot 3 = 81$

$-0,04 = -0,04^1$

$256 = 4 \cdot 4 \cdot 4 \cdot 4 = 4^4$

$0,2^2 = 0,2 \cdot 0,2 = 0,04$

$0,1 \cdot 0,1 \cdot 0,1 = (0,1)^3 = 0,001$

$\frac{1}{3} \cdot \frac{1}{3} \cdot \frac{1}{3} \cdot \frac{1}{3} = \left(\frac{1}{3}\right)^4 = \frac{1}{81}$

$\left(-\frac{1}{5}\right)^3 = \left(-\frac{1}{5}\right) \cdot \left(-\frac{1}{5}\right) \cdot \left(-\frac{1}{5}\right) = -\frac{1}{125}$

$64 = 8 \cdot 8 = 8^2$

$(-6) \cdot (-6) \cdot (-6) = (-6)^3 = -216$

b) positiv sind: $-(-5)$; $(-(-5))^1$; $(-5)^2$; $(-5)^{11}$; $(-(-5))^0$; $(-(-(-5)))^{234}$

c) $50^{20} > 5^{20} > 5^5 > 0,5^{20} = (-0,5)^{20} > (-5)^5 > -50^{20}$

2. a)

Exponent	4	2	6	2	3	3
Basis	3	13	2	0,2	0,5	5
Wert der Potenz	81	169	64	0,04	0,125	125

b)

a	0	1	-1	2	-3	-4	0,3	-5	0,4
$3 \cdot a$	0	3	-3	6	-9	-12	0,9	-15	1,2
a^3	0	1	-1	8	-27	-64	0,027	-125	0,064

3. a) $60\,000 = 6 \cdot 10^4$

d) $34\,400\,000 = 344 \cdot 10^5$

g) $13\,444\,500\,000 = 134\,445 \cdot 10^5$

b) $400\,000 = 4 \cdot 10^5$

e) $6\,700\,000\,000 = 67 \cdot 10^8$

h) $9\,123\,456 = 9\,123\,456 \cdot 10^0$

c) $56\,000\,000\,000 = 56 \cdot 10^9$

f) $13\,400\,000\,000 = 134 \cdot 10^8$

4. a) $5,9 \cdot 10^{15}$ **b)** $43 \cdot 10^{18}$ **c)** 250 Millionen **d)** $401,056 \cdot 10^3$ km **e)** 65 Millionen **f)** 142,4 Millionen

44

5. Bodensee: $5,36 \cdot 10^8$ m²; $4,8 \cdot 10^{10}$ m³ Starnberger See: $5,6 \cdot 10^7$ m²; $2,99 \cdot 10^9$ m³

Müritz: $1,17 \cdot 10^8$ m²; $7,37 \cdot 10^8$ m³

– Bodensee

$A = 5,36 \cdot 10^8$ m² $= 536\,000\,000$ m² $= 536$ km²

$V = 4,8 \cdot 10^{10}$ m³ $= 48\,000\,000\,000$ m³ $= 48$ km³

– Starnberger See

$A = 5,6 \cdot 10^7$ m² $= 56\,000\,000$ m² $= 56$ km²

$V = 2,99 \cdot 10^9$ m³ $= 2\,990\,000\,000$ m³ $= 2,99$ km³

– Müritz

$A = 1,17 \cdot 10^8$ m² $= 117\,000\,000$ m² $= 117$ km²

$V = 7,37 \cdot 10^8$ m³ $= 737\,000\,000$ m³ $= 0,737$ km³

4.1.2 Erweiterung des Potenzbegriffs auf negative ganzzahlige Exponenten

6. a) $-4^2 = -16$ **c)** $(-3)^4 = 81$ **e)** $\frac{2}{3^{-3}} = 54$ **g)** $(-4^2)^{-2} = \frac{1}{256}$ **i)** $(-5^2)^0 = 1$ **k)** $(-1)^{-1} = -1$

b) $\frac{1}{3^{-2}} = 9$ **d)** $(-2)^5 = -32$ **f)** $-(-1)^{11} = 1$ **h)** $\frac{4}{3^2} = \frac{4}{9} = 0,\overline{4}$ **j)** $\frac{2^3}{5} = \frac{8}{5} = 1,6$ **l)** $2^{2^2} = 16$

7. a) $4^{-2} = \frac{1}{4^2} = \frac{1}{16}$ **c)** $\frac{1}{6^{-2}} = 6^2 = 36$ **e)** $\frac{4^2}{2^{-2}} = 4^2 \cdot 2^2 = 16 \cdot 4 = 64$

b) $\frac{4}{2^{-3}} = 4 \cdot 2^3 = 32$ **d)** $\frac{5}{3^{-2}} = 5 \cdot 3^2 = 45$ **f)** $\frac{(-1^3)}{3^{-1}} = (-1^3) \cdot 3^1 = -3$

45

8. a) $\frac{1}{x} = x^{-1}$ $(x \neq 0)$

d) $\frac{1}{(x+y)^2} = (x+y)^{-2}$ $(x+y \neq 0)$

b) $\frac{1}{a^2} = a^{-2}$ $(a \neq 0)$

e) $\frac{4}{5b} = 4 \cdot (5b)^{-1}$ $(b \neq 0)$

c) $\frac{5}{u^5} = 5 \cdot u^{-5}$ $(u \neq 0)$

f) $\frac{x}{x^2+y^2} = x(x^2+y^2)^{-1}$ $(x^2+y^2 \neq 0)$

45

9. a) $4\,mg = 4 \cdot 10^{-3}\,g$
   b) $4\,mg = 4 \cdot 10^{-6}\,kg$
   c) $14\,km = 1,4 \cdot 10^{4}\,m$
   d) $220\,cm = 2,2 \cdot 10^{-3}\,km$

   e) $3,5\,cm^2 = 3,5 \cdot 10^{2}\,mm^2$
   f) $3,5\,cm^2 = 3,5 \cdot 10^{-4}\,m^2$
   g) $22\,cm^3 = 2,2 \cdot 10^{-5}\,m^3$
   h) $7\,\ell = 7 \cdot 10^{0}\,dm^3$

   i) $7,8\,\mu m = 7,8 \cdot 10^{-6}\,m$
   j) $15\,m\ell = 1,5 \cdot 10^{-5}\,m^3$
   k) $320\,m^2 = 3,2 \cdot 10^{6}\,ha$
   l) $24\,g = 2,4 \cdot 10^{-5}\,t$

10. Colibakterium:
   $2 \cdot 10^{-6}\,m$
   $= 0,000002\,m$
   $= 2\,\mu m$

Wasserfloh:
   $2 \cdot 10^{-3}\,m$
   $= 0,002\,m$
   $= 2\,mm$

Wasserskorpion:
   $2 \cdot 10^{-2}\,m$
   $= 0,02\,m$
   $= 2\,cm$

Feuersalamander:
   $2 \cdot 10^{-1}\,m$
   $= 0,2\,m$
   $= 2\,dm$

Kegelrobbe:
   $2\,m$

Wal:
   $2 \cdot 10^{1}\,m$
   $= 20\,m$

4.2 Potenzgesetze und ihre Anwendung

4.2.1 Multiplizieren und Potenzieren von Potenzen

46

11.a)

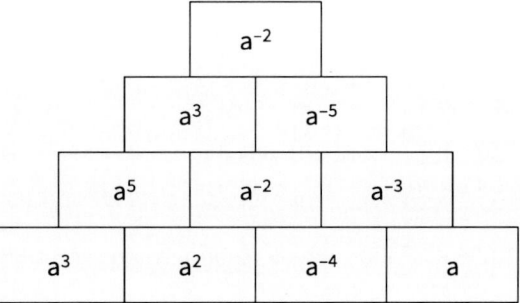

c)

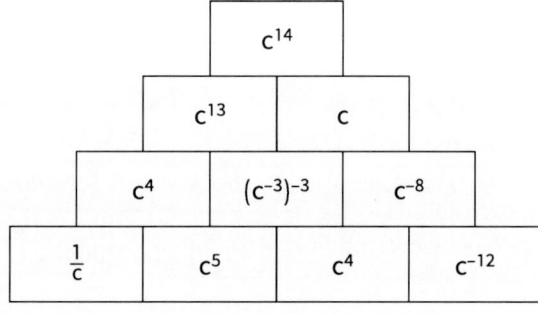

b)

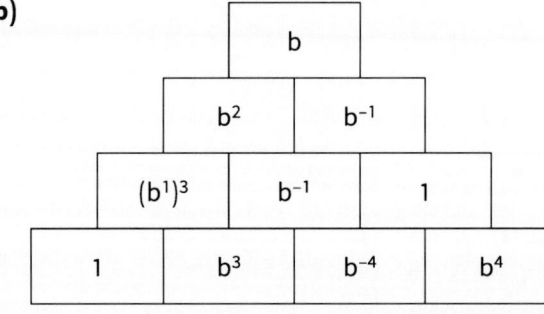

d)

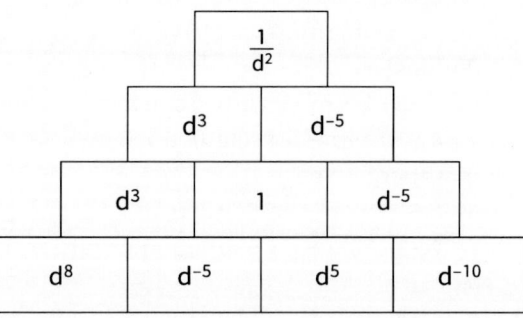

12.

Zahl a	Schreibweise mit abge-trennter Zehnerpotenz	a^2	a^{-1}
$200\,000$	$2 \cdot 10^5$	$4 \cdot 10^{10}$	$\frac{1}{2} \cdot 10^{-5}$
$0,000543$	$5,43 \cdot 10^{-4}$	$29,5 \cdot 10^{-8}$	$\frac{1}{5,43} \cdot 10^{4}$
400	$0,4 \cdot 10^3$	$0,16 \cdot 10^6$	$2,5 \cdot 10^{-3}$
$400\,000$	$4 \cdot 10^5$	$1,6 \cdot 10^{11}$	$\frac{1}{4} \cdot 10^{-5}$
$0,00000008$	$8 \cdot 10^{-8}$	$64 \cdot 10^{-16}$	$\frac{1}{8} \cdot 10^{8}$
$250\,000\,000$	$2,5 \cdot 10^8$	$6,25 \cdot 10^{16}$	$0,4 \cdot 10^{-8}$
$0,000025$	$2,5 \cdot 10^{-5}$	$6,25 \cdot 10^{-10}$	$4 \cdot 10^{4}$
$0,03$	$3 \cdot 10^{-2}$	$9 \cdot 10^{-4}$	$33\frac{1}{3}$

47 **13.a)** $a^2 \cdot a^3 = a^5$ **c)** $c^{-3} \cdot c^0 = c^{-3}$ **e)** $e^{-1} \cdot e^0 = e^{-1}$
      b) $b^3 \cdot b^{-1} = b^{-3}$ **d)** $(d^3)^2 = d^6$ **f)** $f^3 \cdot g^3 = (fg)^3$

14.

$\sqrt[5]{16}$	$\sqrt{\sqrt{4}}$	$\sqrt[3]{8} \cdot 2^2$	$\sqrt[3]{64}$	$2 \cdot \sqrt{4}$	$\sqrt{16} \cdot \sqrt[3]{64}$
$\sqrt{4} \cdot [\sqrt{2}]^3$	$\sqrt[3]{4 \cdot 2^7}$	$\sqrt[4]{4^2}$	$\sqrt[3]{2^9}$	$\sqrt[4]{16} \cdot \sqrt{8^2}$	$\sqrt[3]{4^6} \cdot \sqrt[6]{16^2}$
$\sqrt[4]{2^3}$	$\sqrt[4]{2^8}$	$2 \cdot [2^2]^2$	$\sqrt[6]{8^2}$	$\sqrt[4]{16} \cdot 4^3$	$2^{[2^3]}$
$2^5 \cdot \sqrt[3]{8}$	$\sqrt[3]{8^2}$	$\sqrt[4]{16} : \sqrt{4}$	$[\sqrt{2} \cdot \sqrt{4}]^2$	$\sqrt[5]{8}$	$\sqrt{\sqrt[3]{8}}$
$[2^2]^3$	$\sqrt[3]{\sqrt{64}}$	$2^6 : \sqrt[6]{64}$	$\sqrt[4]{16^2}$	$2 \cdot \sqrt[3]{8}$	$\sqrt[3]{2^{24}}$

$\sqrt[5]{16} \approx 1{,}74$ $\sqrt[4]{2^3} \approx 1{,}68$ $(2^2)^3 = 64$ $\sqrt{4} \cdot (\sqrt{2})^3 = 4\sqrt{2}$ $2^5 \cdot \sqrt[3]{8} = 64$

$\sqrt{\sqrt{4}} = \sqrt{2}$ $\sqrt[4]{2^8} = 4$ $\sqrt[3]{\sqrt{64}} = 2$ $\sqrt[3]{4 \cdot 27} = 8$ $\sqrt[3]{8^2} = 4$

$\sqrt[3]{8} \cdot 2^2 = 8$ $2 \cdot (2^2)^2 = 32$ $2^6 : \sqrt[6]{64} = 32$ $\sqrt[4]{4^2} = 2$ $\sqrt[4]{16} : \sqrt{4} = 1$

$\sqrt[3]{64} = 4$ $\sqrt[6]{8^2} = 2$ $\sqrt[4]{16^2} = 4$ $\sqrt[3]{2^9} = 8$ $(\sqrt{2} \cdot \sqrt{4})^2 = 8$

$2 \cdot \sqrt{4} = 4$ $\sqrt[4]{16} \cdot 4^3 = 128$ $2 \cdot \sqrt[3]{8} = 4$ $\sqrt[4]{16} = \sqrt{8^2} = 16$ $\sqrt[3]{8} = 2$

$\sqrt{16} \cdot \sqrt[3]{64} = 16$ $2^{(2^3)} = 256$ $\sqrt[3]{2^{24}} = 256$ $\sqrt[3]{4^6} \cdot \sqrt[6]{16^3} = 64$ $\sqrt{\sqrt[3]{8}} = \sqrt{2}$

4.2.2 Dividieren von Potenzen

15.a) $a^2 + b^3 + c^3 + b^2 + c^3 + b^2 = a^2 + 2b^2 + b^3 + 2c^3$
        $a^2 \cdot b^3 \cdot c^3 \cdot b^2 \cdot c^3 \cdot b^2 = a^2 b^7 c^6$

b) $2x^{-2} + 2y^3 + 3x^2 + y^3 + 0{,}4x^{-2} = 2{,}4x^{-2} + 3y^3 + 3x^2$
     $2x^{-2} \cdot 2y^3 \cdot 3x^2 \cdot y^3 \cdot 0{,}4x^{-2} = 2{,}4x^{-2} \cdot 2y^6$

c) $2c^2 + 5cd + 2d^2 - 3c^2 - 5cd - 3d^2 = -d^2 - c^2$
     $2c^2 \cdot 5cd \cdot 2d^2 \cdot 3c^2 \cdot 5cd \cdot 3d^2 = 900c^6 \cdot d^6$

48 **16.–**

17. $\left(\dfrac{a}{b^2}\right)^{-3} = \left(\dfrac{b}{a}\right)^3 \cdot b^3 = \left(\dfrac{b^2}{a}\right)^3 = \left(\dfrac{a}{b}\right)^{-3} \cdot b^3$ $\dfrac{3^{a+b}}{2^b} = 2^{-b} \cdot 3^{a+b} = \dfrac{3^a \cdot 3^b}{2^b}$

$\dfrac{2^{-b}}{(3^b)^{-a}} = \left(\dfrac{3^a}{2}\right)^b = \dfrac{3^{a \cdot b}}{2^b} = \dfrac{(3^b)^a}{2^b}$ $\dfrac{1}{b^{-5} \cdot a^3} = \left(\dfrac{a}{b}\right)^{-3} \cdot \left(\dfrac{1}{b}\right)^{-2} = \dfrac{a^{-3}}{b^{-5}}$

$\left(\dfrac{a}{b}\right)^3 \cdot b^2$

18.a) $\dfrac{1}{2^5} = \dfrac{1}{32}$ **c)** $-\dfrac{6}{27}$ **e)** $2^5 = 32$ **g)** $0{,}5^4 = \dfrac{1}{16}$

b) $\dfrac{1}{3^4} = \dfrac{1}{81}$ **d)** $3^3 = 27$ **f)** $7^3 = 343$ **h)** $\dfrac{1}{2^{\frac{3}{5}}}$

4.3   Zinseszins

49 **19.a)**

	Anfangskapital	Kapital nach einem Jahr	Kapital nach zwei Jahren	Kapital nach drei Jahren	Kapital nach vier Jahren	Kapital nach fünf Jahren
Leif	2500 €	2512,50 €	2525,06 €	2537,69 €	2550,38 €	2563,13 €
Johanna	2300 €	2332,20 €	2364,85 €	2397,96 €	2431,53 €	2465,57 €

b)

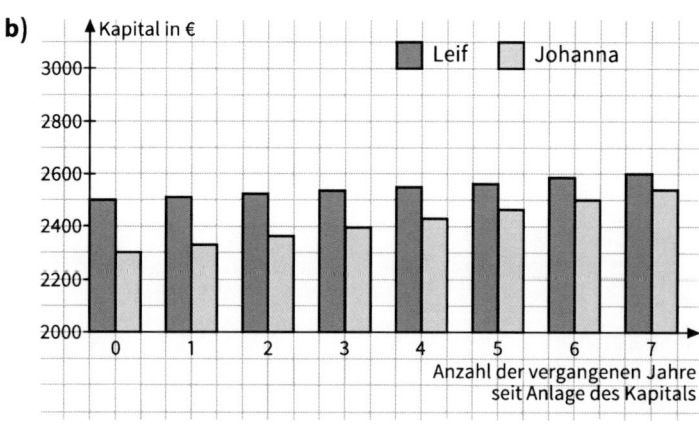

20.a) Die Berechnung stimmt: 10000 € · 1,007 · 1,007 = 10140,49 € und 10 140,49 € − 10 000 € = 140,49 €.

  b) D2 = A2 · (1 + B2/100)C2

Bist du kompetent im Argumentieren und Kommunizieren ? Umgang mit Potenzen

50 **21.a)** Maria hat sich vertan. Bei der Multiplikation von Werten mit Exponenten, müssen die Exponenten addiert werden: $x^3 \cdot x^5 = x^{3+5} = x^8$

Dies gilt weil: $x^3 = x \cdot x \cdot x$

$x^5 = x \cdot x \cdot x \cdot x \cdot x$

also ist $x^3 \cdot x^5$

$= (x \cdot x \cdot x) \cdot (x \cdot x \cdot x \cdot x \cdot x)$ also x^8

  b) (1) $x^3 : x^5 = \dfrac{x^3}{x^5} = \dfrac{x \cdot x \cdot x}{x \cdot x \cdot x \cdot x \cdot x} = \dfrac{1}{x \cdot x} = \dfrac{1}{x^2} = x^{-2} = x^{3-5}$

  (2) $(x^3)^5 = (x \cdot x \cdot x)^5 = (x \cdot x \cdot x) \cdot (x \cdot x \cdot x) \cdot (x \cdot x \cdot x) \cdot (x \cdot x \cdot x) \cdot (x \cdot x \cdot x) = x^{15} = x^{3 \cdot 5}$

22.

$\sqrt[n]{a} \cdot \sqrt[n]{b} = \sqrt[n]{a \cdot b}$	$\dfrac{\sqrt[n]{a}}{\sqrt[n]{b}} = \sqrt[n]{\dfrac{a}{b}}$	$\sqrt[n]{\sqrt[m]{a}} = \sqrt[mn]{a}$
$a^{\frac{1}{n}} \cdot b^{\frac{1}{n}} = (a \cdot b)^{\frac{1}{n}}$	$\dfrac{a^{\frac{1}{n}}}{b^{\frac{1}{n}}} = \left(\dfrac{a}{b}\right)^{\frac{1}{n}}$	$\left(a^{\frac{1}{m}}\right)^{\frac{1}{n}} = a^{\frac{1}{m} \cdot \frac{1}{n}} = \dfrac{1}{mn}$
Multiplikation von Potenzen mit gleichem Exponenten	Division von Potenzen, mit gleichem Exponenten	Potenzieren von Potenzen

23.a) Es gibt keine Zahl, die mit sich selbst multipliziert eine negative Zahl (z.B. -8) ergibt. Dies gilt für alle reellen Zahlen.

  b) Diese Begründung gilt in diesem Fall nicht, da für -2 gilt: $(-2)^3 = -8$

  c) Die Taschenrechner geben in der Regel -2 an, da gilt: $(-2)^3 = -8$

  d) Durch Termumformungen kann man bei $\sqrt[3]{-8}$ auf den Wert 2 kommen. Umgekehrt widerspricht dies der Definition des Wurzelziehens, da 2^3 nicht -8 ist.

5.1 Darstellen von Daten bei zueinander ähnlichen Figuren

51

1.

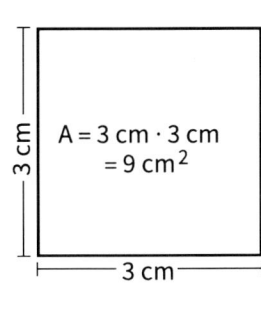

A = 3 cm · 3 cm = 9 cm²

3 cm

3 cm

A = 3 cm · 3 cm = 9 cm²

3 cm · 1,5 cm = 4,5 cm²

3 cm · 1,5 cm = 4,5 cm²

1,5 cm · 1,5 cm = 2,25 cm²

4,5 cm

4,5 cm

A = 4,5 cm · 4,5 cm = 20,25 cm²

2. a)

	Seite a	Seite b	Flächeninhalt	Ähnlichkeitsfaktor	Flächenverhältnis
Rechteck 1	3,5 cm	2,45 cm	8,575 cm²	k = 2,4	5,76
Rechteck 2	8,4 cm	5,88 cm	49,392 cm²		

b)

	Seite c	Höhe h_c	Flächeninhalt	Ähnlichkeitsfaktor	Flächenverhältnis
Dreieck 1	6 cm	3 cm	18 cm²	k = 0,8	0,64
Dreieck 2	4,8 cm	2,4 cm	11,52 cm²		

c)

	Seite a	Höhe h_a	Flächeninhalt	Ähnlichkeitsfaktor	Flächenverhältnis
Parallelogramm 1	12 cm	6 cm	72 cm²	V = 1,118	1,25
Parallelogramm 2	13,416 cm	6,708 cm	90 cm²		

3. a) k = 4,31

b) 40,95 cm

c) Die Aussage ist falsch.

Nur die Seiten der einzelnen Quadrate wurden um den Streckfaktor k ≈ 4,31 gestreckt. Dadurch hat sich der Flächeninhalt des Schachbretts etwa um den Faktor k_2 ≈ 18,58 vergrößert.

In genauen Zahlen wurde aus dem Flächeninhalt von $(0,058 \cdot 8)^2 = 0,215296$ m² ein Flächeninhalt von 4 m², was den zuvor ermittelten Faktor von k_2 ≈ 18,58 bestätigt.

52

4. a) Die Seitenlängen stehen zueinander in einem Verhältnis von 2 : 1.

b) Ordnen man das niedersächsische Schild wie folgt an, so passt es genau viermal in das Schild aus Nrw.

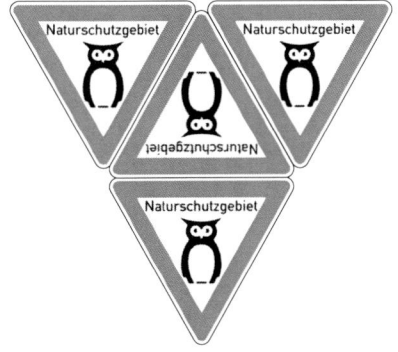

5.2 Analyse von grafischen Darstellungen

52

5. a) Die linke Grafik zeigt einen viel geringeren Anteil „PkW mit Ottomotor". Die Anteile der „PkW mit Dieselmotor" und „Sonstiger PkW" sind im Verhältnis deutlich größer als in der Ausgangsgrafik. Es ist zu kritisieren, dass nur das rechte Drittel der Ausgangsgrafik abgebildet und die x-Achse nicht beschriftet wurde.

In der zweiten Graphik sind die gleichen Auffälligkeiten zu sehen. Allerdings ist in diesem Fall eine nicht in gleichmäßigen Skalen dargestellte Achsenbeschriftung gegeben. Zu kritisieren ist, dass die Grafik keine visuelle Darstellung der echten Verhältnisse bietet.

In der dritten Grafik werden die Jahre 2008, 2009, 2011 und 2012 nicht dargestellt. Die Skaleneinteilung entspricht der aus Grafik zuvor. Es werden schriftliche Zusatzinformationen gegeben: Für das Jahr 2010 steht in der Grafik „Starker Start für Elektrofahrzeuge", für 2013 „+100% Zulassungen". Zu kritisieren ist, dass das eigentliche Verhältnis der grünen Balken für sonstige PkW in der Ausgangsgrafik noch kleiner ist als in dieser durch die veränderte Skaleneinteilung modifizierten Darstellung.

b) **(1)** Starker Zuwachs an Dieselautos   **(3)** Starker Zuwachs an Elektrofahrzeugen
    (2) Starker Rückgang von PkW mit Ottomotor

53

6. In jedem einzelnen Bundesland und damit in ganz Deutschland verdienen Männer durchschnittlich signifikant mehr als Frauen, jedoch ist der relative Unterschied pro Bundesland mit dem Minimum von 4 % und dem Maximum von 27 % in den jeweiligen Bundesländern unterschiedlich.

- Die Informationslast ist sehr hoch: es können nicht alle dargestellten Zahlen schnell verarbeitet werden
- Es gibt keine Achsenbeschriftung der x-Achse bezüglich der dargestellten Balken zum Bruttostundenlohn.

7. Die Grafik zur Inflationsrate in Venezuela stellt nur im unteren Drittel die echten Daten da. Offensichtlich wurde die Regressionsfunktion einer exponentiellen Funktion bestimmt und auf der Basis dieses Ergebnisses eine Prognose von 720,45% für das Jahr 2017 gemacht. Bei der Inflationsrate spielen mehr Faktoren mit eine Rolle als bei der Inflationsrate der vorherigen zehn Jahre. Überdies muss die Annahme des exponentiellen Wachstums hier nicht geeignet sein.

Zur besseren Illustration der Entwicklung könnte man die Verläufe von 2007 bis 2016 vergrößert darstellen.

Die Grafik rechts zeigt anschaulich auf, wie sich die Arbeitslosenquote von 2006 bis 2017 in Venezuela entwickelt hat. Sie verdeutlicht die Entwicklung auf gleichmäßig skalierten Balken angemessen.

8. In der dargestellten Grafik lassen sich folgende Mängel wiederfinden:

- fehlender Titel der Darstellung;
- die Einheiten der dargestellten Daten fehlen:
- die Häuser stehen, obwohl zu hoher Wahrscheinlichkeit Intervalle von einem Jahr dargestellt werden sollen, nicht immer im gleichen Abstand zueinander;
- die Höhe der Häuser (also der Abstand vom untersten Randpunkt der Darstellung) steht nicht im genauen Verhältnis zur auf dem Haus aufgedruckten Zahl, tendenziell sind nur höhere Häuser mit einer größeren Zahl beschrieben, z.B. aber stehen die Häuser mit 376 und 216 etwa auf gleicher Höhe;
- auch Größe des Hauses repräsentiert nicht direkt den auf dem Haus abgedruckten Wert;
- ästhetisierende Bildelemente, z.B. die Sonne oder Bäume, machen die Grafik unsachlich.

5.3 Abschätzen von Chancen und Risiken

54   **9. a)** Das Baumdiagramm würde wie folgt aussehen:

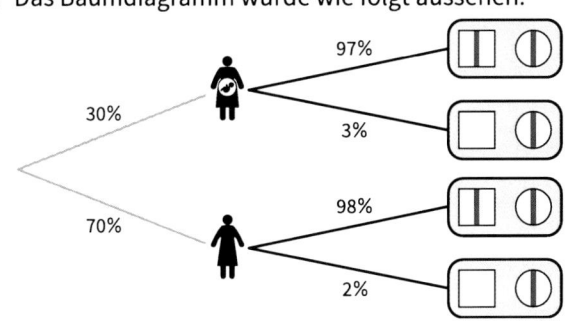

b)

	Schwanger	Nicht schwanger	Gesamt
Test sagt ja	6 790	60	6 850
Test sagt nein	210	2 940	3 150
Gesamt	7 000	3 000	10 000

c)

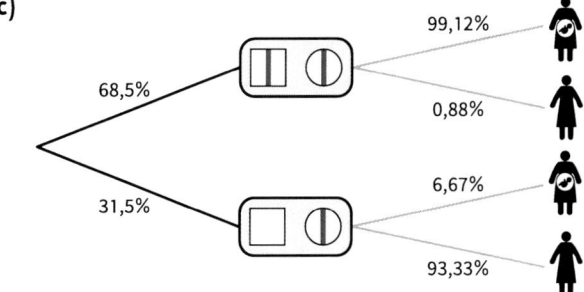

(1) 99,12 %   **(2)** 93,33 %

d) Die Aussage ist nicht richtig.

Bei einem negativen Testergebnis beträgt die Wahrscheinlichkeit, schwanger zu sein trotzdem noch 6,67 %. Die Wahrscheinlichkeit, zu der das Testergebnis richtig ist, hängt jeweils von dem eintretenden Fall ab.

Somit ist es aus der Sicht des Herstellers nicht angemessen, den Mittelwert aus Spezifität und Sensitivität als Sicherheitswahrscheinlichkeit anzugeben.

55   **10. a)** Das Baumdiagramm würde wie folgt aussehen:

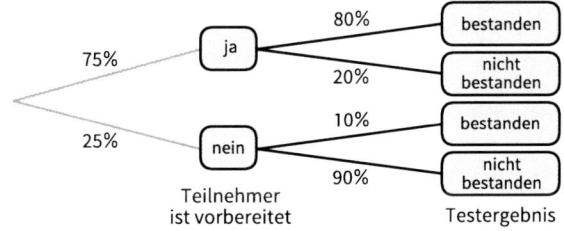

c)

Test / vorbereitet	ja	nein	Insgesamt
bestanden	60 %	2,5 %	62,5 %
nicht bestanden	15 %	22,5 %	37,5 %
insgesamt	75,0 %	25,0 %	100 %

b) **(1)** 62,5 %   **(2)** 37,5 %

d)

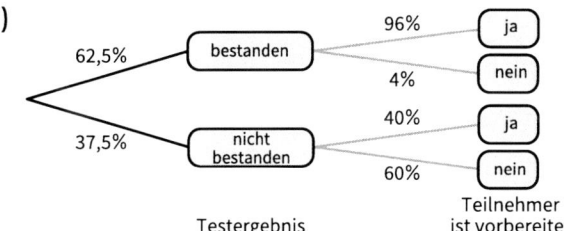

e) **(1)** 96 %   **(2)** 40 %   **(3)** 4 %   **(4)** 60 %

56   **11. a)** Die Wahrscheinlichkeit für einen Pasch beträgt $\frac{1}{6}$. Für einen 6er Pasch beträgt die Wahrscheinlichkeit $\frac{1}{36}$, für einen Pasch mit einer der anderen Zahlen somit $\frac{5}{36}$.

In $\frac{30}{36} = \frac{5}{6}$ der Fälle erhält man somit also keinen Gewinn.

Den zu erwartenden Gewinn aus der Sicht des Spielers kann man aus diesen Vorüberlegungen als Erwartungswert berechnen: $(-0{,}10\,€) \cdot \frac{5}{6} + (0{,}14\,€) \cdot \frac{5}{36} + (0{,}38\,€) \cdot \frac{1}{36} \approx -0{,}037\,€$.

Langfristig macht man etwa 3,67 Cent Verlust pro Spiel.

b) Für ein faires Spiel bei dem Einsatz e ergibt sich die folgende Bedingungsgleichung:

$0 = -e \cdot \frac{5}{6} + (0{,}24 - e) \cdot \frac{5}{36} + (0{,}48 - e) \cdot \frac{1}{36}$

Dies führt nach Umstellen zu $e \approx 0{,}047\,€ = 4\frac{2}{3}$ Cent.

Bei einem Einsatz von $4\frac{2}{3}$ Cent ist das Spiel für den Spieler fair.

56   **12. a)** $0{,}25 \cdot 1{,}50\,€ + 0{,}30 \cdot 1{,}20\,€ + 0{,}45 \cdot 0{,}85\,€ = 1{,}1175\,€ \approx 1{,}12\,€$

Pro kg Kartoffeln nehmen die Dolgerts durchschnittlich etwa 1,12 € ein.

b) $1{,}1175\,€ - 0{,}72\,€ = 0{,}3975\,€ \approx 0{,}40\,€$

Der durchschnittliche Gewinn je kg Kartoffeln beträgt etwa 0,40 €.

c) Die Einnahmen müssen sich dann auf 0,72 €+ 0,35 € = 1,07 € belaufen.

Es ergibt sich die Bedingungsgleichung für den prozentualen Anteil, der maximal über den Supermarkt umgesetzt werden kann:

$1{,}07\,€ = (1 - p) \cdot 1{,}50\,€ + p \cdot 0{,}85\,€$

Das Umstellen der Gleichung führt auf $p \approx 0{,}6615$.

Es können maximal 66,15 % über den Supermarkt umgesetzt werden.

6.1 Oberflächeninhalt von Pyramide und Kegel

6.1.1 Pyramide – Netz und Oberflächeninhalt

57 **1. a)** 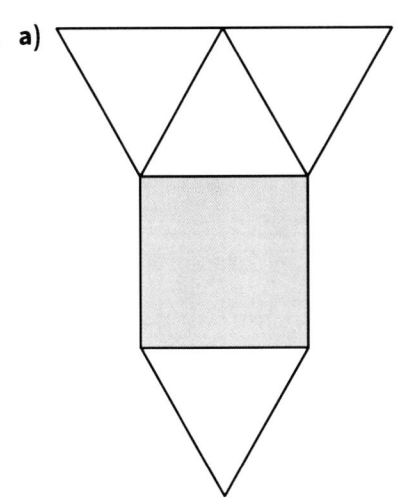 **b)** 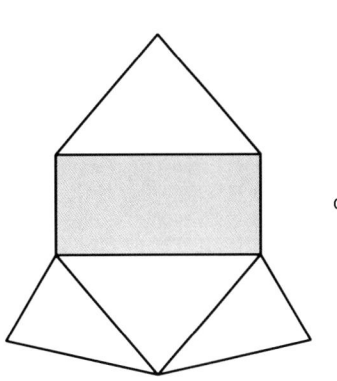 oder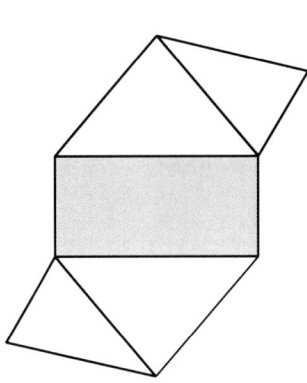

c)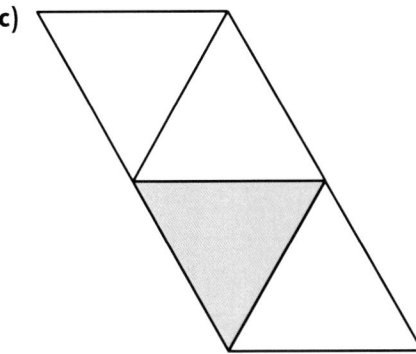

2. a) (1) 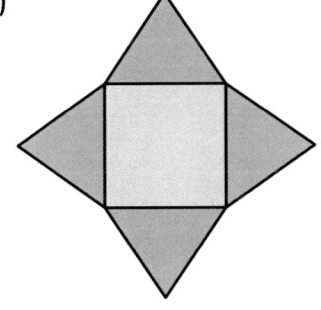 **(2)** 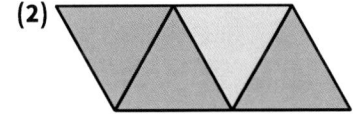 **b)**

Pyramide	(1)	(2)
Flächen	4	5
Kanten	6	8
Ecken	4	5

3. a)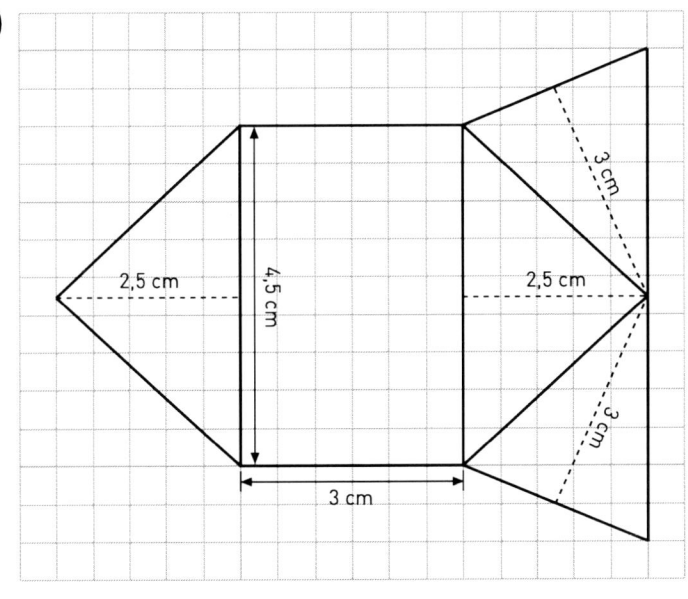

58 **3. b)** **Flächeninhalt A_G der Grundfläche**

Grundfläche ist ein Rechteck

$A_G = a \cdot b$

$A_G = 4,5\,\text{cm} \cdot 3,0\,\text{cm}$

$A_G = 13,5\,\text{cm}^2$

Flächeninhalt A_M der Mantelfläche

Die Mantelfläche besteht aus je zwei gleichgroßen Dreieckseiten.

$A_{D1} = \dfrac{a \cdot h_a}{2}$

$A_{D1} = \dfrac{4,5\,\text{cm} \cdot 2,5\,\text{cm}}{2} \cdot 2$

$A_{D1} = 11,25\,\text{cm}^2$

$A_{D2} = \dfrac{b \cdot h_b}{2}$

$A_{D2} = \dfrac{3,0\,\text{cm} \cdot 3,0\,\text{cm}}{2} \cdot 2$

$A_{D2} = 9\,\text{cm}^2$

$A_M = A_{D1} + A_{D2} = 11,25\,\text{cm}^2 + 9\,\text{cm}^2 = 20,25\,\text{cm}^2$

$A_O = A_G + A_M = 13,5\,\text{cm}^2 + 20,25\,\text{cm}^2 = 33,75\,\text{cm}^2$

4. a)

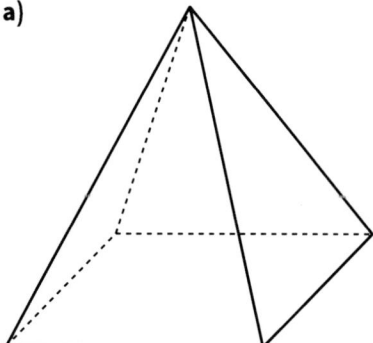

b)

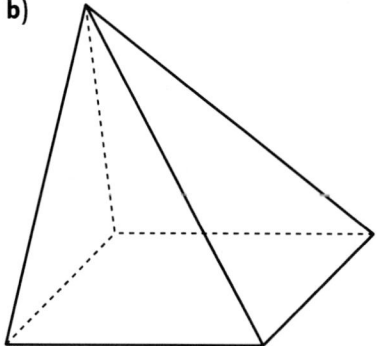

c)

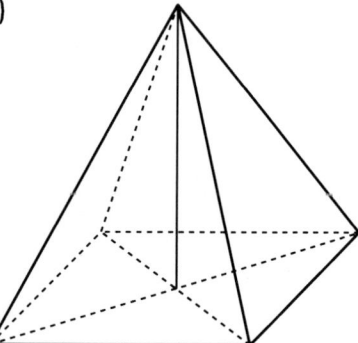

5.

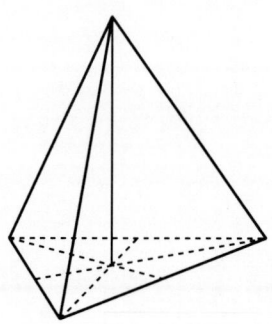

6. $h = 2,5\,\text{cm}$

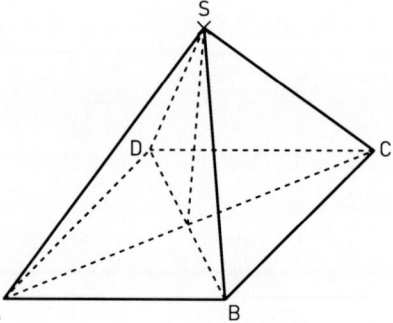

59 **7. a)** (1) $h_a^2 = h^2 + \left(\dfrac{a}{2}\right)^2$

$h_a = \sqrt{h^2 + \left(\dfrac{a}{2}\right)^2} = 10$

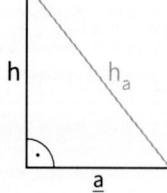

(2) $s^2 = h_a^2 + \left(\dfrac{a}{2}\right)^2$

$s = \sqrt{h_a^2 + \left(\dfrac{a}{2}\right)^2} = 11,66$

(3) $O = a^2 + 2\,a \cdot h_a$

$= 12^2 + 2 \cdot 12 \cdot 10$

$= 384$

b) (1) $h_a^2 + \left(\dfrac{a}{2}\right)^2 = s^2$

also $h_a = \sqrt{s^2 - \left(\dfrac{a}{2}\right)^2} = 9,682$

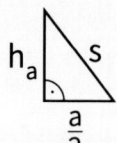

(2) $h^2 + \left(\dfrac{a}{2}\right)^2 = ha^2$

$h = \sqrt{h_a^2 - \left(\dfrac{a}{2}\right)^2} = 9,354$

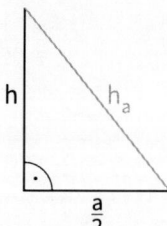

(3) $O = a^2 + 2\,a \cdot h_a$

$= (5^2 + 2 \cdot 5 \cdot 9,682)$

$= 121,85$

60

8. a)

	a	h	s	h_a	G	M	O
(1)	8 cm	12 cm	13,27 cm	12,65 cm	64 cm²	202,39 cm²	266,39 cm²
(2)	9 m	3,97 m	7,5 m	6 m	81 m²	108 m²	189 m²
(3)	11 cm	7,12 cm	10,55 cm	9 cm	1,21 dm²	1,98 dm²	3,19 dm²

b) •

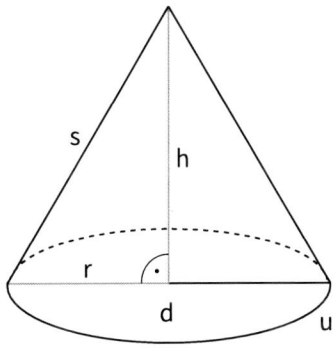

$s^2 = h_a^2 + \left(\frac{a}{2}\right)^2$, dann ist $s = \sqrt{h_a^2 + \left(\frac{a}{2}\right)^2} \approx 25,63$

•

$s^2 = h_b^2 + \left(\frac{b}{2}\right)^2$, dann ist $b = 2 \cdot \sqrt{s^2 - h_b^2} = 40,05$

•

$h^2 + \left(\frac{a}{2}\right)^2 = h_b^2$, dann ist $h = \sqrt{h_b^2 - \left(\frac{a}{2}\right)^2} \approx 13,23$

- $G = a \cdot b \approx 18 \cdot 40,05 \approx 720,90$
- $M = a \cdot h_a + b \cdot h_b = 18 \cdot 24 + 40,05 \cdot 16 = 1072,8$
- $O = G + M = 720,90 + 1072,8 = 1793,70$

6.1.2 Kegel – Netz und Oberflächeninhalt

9. Aus dem zweiten und dem fünften Netz sind Kegel herstellbar.

61

10. a)

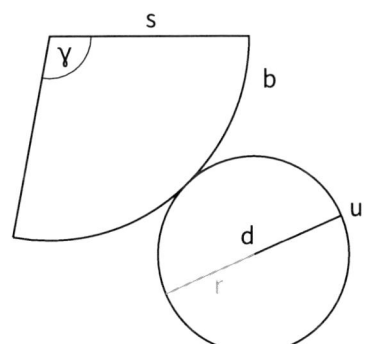

rote Lienien:
Höhe h und Radius r
blaue Linien:
Kreisbogen b und Umfang u

b) (1) $s^2 = r^2 + h^2$; $s = \sqrt{r^2 + h_a^2} \approx 3,35$

(2) $u = 2\pi r \approx 9,42$

Es gilt $u = b$, da sowohl Kreisumfang als auch Bogenlänge des Kreisbogens eine Kante des Kegels bilden.

(3) $b = \frac{\gamma}{360°} \cdot 2 \cdot \pi \cdot s = u$, dann ist $\gamma = \frac{360° \cdot b}{2\pi s}$. Mit $b = a$ folgt dann $\gamma = \frac{360° u}{2\pi s} = 161°$.

c)

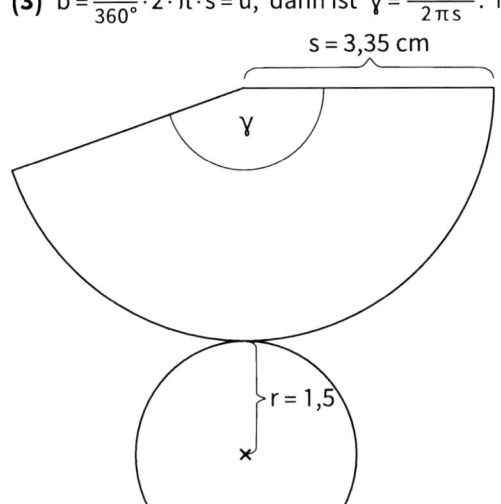

s = 3,35 cm

r = 1,5

6.2 Satz des Cavalieri

62 **11.** h = 22,5 cm – 1,2 cm = 21,3 cm

Grundfläche: A = (5 cm)² = 25 cm²   Volumen: V = G · h = 25 cm² · 21,3 cm = 532,5 cm³

Davon sind $\frac{2}{3}$ gefüllt, also $\frac{2}{3}$ · 532,5 cm³ = 355 cm³ = 0,355 l

6.3 Volumen von Pyramide und Kegel

6.3.1 Volumen der Pyramide

12.

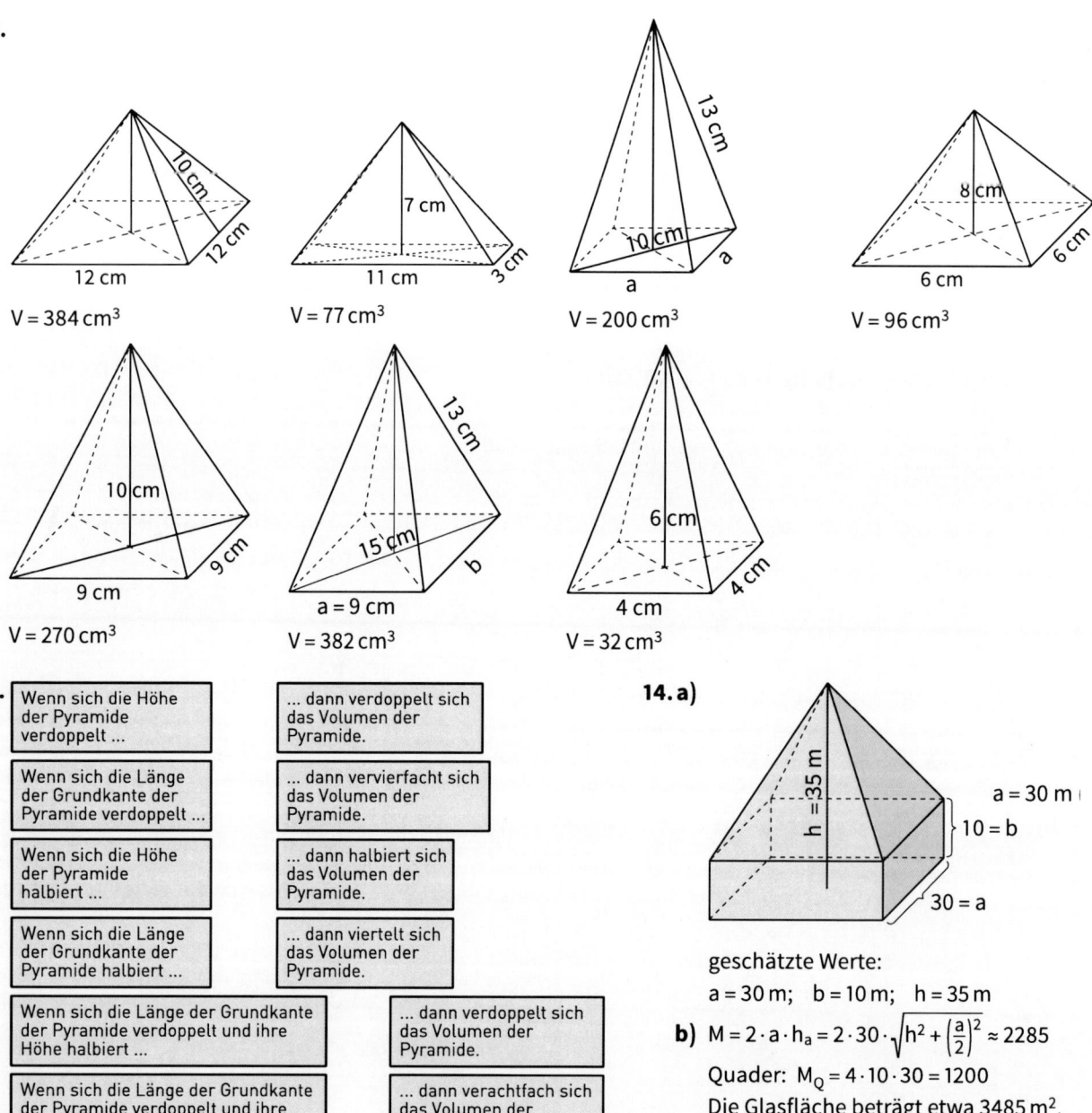

V = 384 cm³   V = 77 cm³   V = 200 cm³   V = 96 cm³

V = 270 cm³   V = 382 cm³   V = 32 cm³

63 **13.**

Wenn sich die Höhe der Pyramide verdoppelt …	... dann verdoppelt sich das Volumen der Pyramide.
Wenn sich die Länge der Grundkante der Pyramide verdoppelt …	... dann vervierfacht sich das Volumen der Pyramide.
Wenn sich die Höhe der Pyramide halbiert …	... dann halbiert sich das Volumen der Pyramide.
Wenn sich die Länge der Grundkante der Pyramide halbiert …	... dann viertelt sich das Volumen der Pyramide.
Wenn sich die Länge der Grundkante der Pyramide verdoppelt und ihre Höhe halbiert …	... dann verdoppelt sich das Volumen der Pyramide.
Wenn sich die Länge der Grundkante der Pyramide verdoppelt und ihre Höhe ebenfalls verdoppelt …	... dann verachtfacht sich das Volumen der Pyramide.

14. a)

geschätzte Werte:

a = 30 m; b = 10 m; h = 35 m

b) M = 2 · a · h_a = 2 · 30 · $\sqrt{h^2 + \left(\frac{a}{2}\right)^2}$ ≈ 2285

Quader: M_Q = 4 · 10 · 30 = 1200

Die Glasfläche beträgt etwa 3485 m².

c) V_{ges} = $V_{Pyramide}$ + V_{Quader}

= $\frac{1}{3}$ a² · h + a² b = $\frac{1}{3}$ · 30² · 35 + 30² · 10 = 19 500

Das Volumen beträgt etwa 19 500 m³.

6.3.2 Volumen des Kegels

64 **15. a)** gesuchte Länge: 8 cm; Volumen: V ≈ 1877 cm³

b) gesuchte Länge: 3,14 dm; Volumen: V ≈ 40 dm³

c) gesuchte Länge: 6,60 m; Volumen: V ≈ 300 m³

64 **16. a)** Gesamtvolumen des Sektglases: $141{,}37\ \text{cm}^3$
Sektinhalt, wenn Glas bis zur halben Höhe gefüllt ist: $17{,}67\ \text{cm}^3$

b) Ist das Sektglas halbvoll, dann hat es ein Volumen von $V_{\text{halbvoll}} = \frac{1}{2} \cdot 141{,}37\ \text{cm}^3 \approx 70{,}69\ \text{cm}^3$
Mithilfe der Strahlensätze gilt: $\frac{3}{r} = \frac{15}{h}$
Für das Volumen des Glases gilt: $70{,}69 = \frac{\pi r^2 h}{3}$
Damit ergibt sich $h = 11{,}9057\ \text{cm}$

6.4 Kugel

6.4.1 Volumen der Kugel

65 **17.** Durchmesser der Gaskugel: $26{,}73\ \text{m}$ Umfang des Gaskugel: $83{,}98\ \text{m}$

18. a) $25{,}2\ \text{mm}$ **b)** $2{,}12\ \text{cm}$ **c)** $23{,}4\ \text{cm}$

6.4.2 Oberflächeninhalt der Kugel

66 **19. a)** $O \approx 4071{,}5\ \text{m}^2$ **b)** $r \approx 12{,}62\ \text{m}$

20. a) Fußball
Durchmesser: $19{,}10\ \text{cm}$ bis $22{,}28\ \text{cm}$
Volumen: $3647{,}56\ \text{cm}$ bis $5792{,}19\ \text{cm}^3$
Oberflächeninhalt: $1145{,}92\ \text{cm}^2$ bis $1559{,}72\ \text{cm}^2$

b) Tennisball
Durchmesser: $6{,}69\ \text{cm}$
Volumen: $156{,}39\ \text{cm}^3$
Oberflächeninhalt: $140{,}38\ \text{cm}^2$

c) Basketball
Durchmesser: $23{,}8\ \text{cm}$
Umfang: $74{,}77\ \text{cm}$
Oberflächeninhalt: $1779{,}52\ \text{cm}^2$

d) Hallenhockeyball (mit 26 Löchern mit dem Durchmesser von je $1\ \text{cm}$)
Umfang: $21{,}99\ \text{cm}$
Volumen: $179{,}59\ \text{cm}^3$
Oberflächeninhalt: $133{,}52\ \text{cm}^2$

67 **21. a)** $1{,}5 \cdot 2 \cdot \pi \cdot 14{,}5\ \text{m} \approx 136{,}66\ \text{m}$ Der Besucher legt in 90 min einen Weg von $136{,}66\ \text{m}$ zurück.
b) $O = 4 \cdot \pi \cdot 162\ \text{m}^2 \approx 3216{,}99\ \text{m}^2 \approx 3217\ \text{m}^2$

6.5 Vermischte Übungen

22.

		wahr	falsch
a)	$V_1 = V_2$		X
b)	$V_1 > V_2$	X	
c)	$A_{G1} = A_{G2}$	X	

		wahr	falsch
d)	$M_1 < M_2$		X
e)	$A_{O1} = A_{O2}$	X	
f)	$A_{O1} > A_{O2}$		X

		wahr	falsch
g)	$A_{G1} > A_{G2}$		X
h)	$M_1 > M_2$		X
i)	$V_1 < V_2$		X

68 **23. a)** Grundflächeninhalt:
$73\,765{,}23\ \text{cm}^2 \approx 737{,}7\ \text{dm}^2 = 7{,}377\ \text{m}^2$

b) Volumen des unteren Teils: $7{,}377\ \text{m}^2 \cdot 2{,}06\ \text{m} \approx 15{,}20\ \text{m}^3$
Volumen des Daches: $2\,262\,133{,}70\ \text{cm}^3 \approx 2262{,}13\ \text{dm}^3 \approx 2{,}26\ \text{m}^2$
Das Gesamtvolumen beträgt somit $V_{\text{Gesamt}} \approx 15{,}20\ \text{m}^3 + 2{,}26\ \text{m}^3 = 17{,}46\ \text{m}^3$

c) Größe der Dachfläche: $97\,045{,}80\ \text{cm}^2 \approx 970{,}5\ \text{dm}^2 = 9{,}705\ \text{m}^2$

24. a) Volumen: $904{,}78\ \text{cm}^3$ Oberflächeninhalt: $678{,}58\ \text{cm}^2$
b) Volumen: $62{,}83\ \text{cm}^3$ Oberflächeninhalt: $150{,}80\ \text{cm}^2$

Schroedel
westermann

Elemente der Mathematik
EdM

www.schroedel.de

ISBN 978-3-507-87508-1

9 783507 875081